Инна Броуде-Эпштейн

Везений блаженная малость

БОСТОН · **2024** · BOSTON

Инна Броуде-Эпштейн
Везений блаженная малость. *Повесть*

Inna Broude-Epstein
A Blissful Bit of Luck. *Novella*

ISBN 978-1-960533425 (pbk)

PUBLISHED BY M•GRAPHICS | BOSTON, MA

☐ www.mgraphics-books.com
✉ mgraphics.books@gmail.com

Design and Layout: M•GRAPHICS | BOSTON, MA
Фото на обложке: Пустыня Негев, Израиль
© 2024 Инна Броуде-Эпштейн

Printed in the United States of America

IM PRESS

В щель меж двух катастроф так удачно вписалось
Поколенье мое. От фортуны — сюрприз
Нам достался. Такая блаженная малость.
Можно даже сказать: мы последние из
Тех, кому еще мерили температуру,
Тех, кто вслух говорил про любовь и культуру,
Отворяя в горячую зелень окно.

Леопольд Эпштейн

БАБУШКИН ДОМ

Чем старше я становлюсь, тем больше тянет меня вернуться в бабушкин дом и восстановить его, исходив вдоль и поперек.

Входная дверь открывается трудно, со скрипом, ее надо подпихнуть изо всех сил, и, сделав первый, высокий шаг через порог, попасть в крошечную прихожую, превращенную дедушкой в кухню. Вот тут, на столике, стоял черный примус: шумел-шипел и вкусно пах керосином. Я должна была обходить его стороной, не трогать руками, а вот нюхать — пожалуйста! Много лет спустя сюда втиснули, уж не знаю как, двухконфорочную плиту. Готовить на ней поначалу было боязно, но когда привыкли, то бабушка, вспоминая «примусные» годы, сначала качала головой и пожимала плечами, что означало, сколько лет му-чи-лись, а потом только качала головой, правда, несколько энергичнее: вот ведь как хорошо живем! В углу (то есть, шажок в сторону) блестят ведра с водой, сначала «с колодца», потом «с колонки», так говорит моя няня Маруся. За низкой фанерной перегородкой, которая делает кухню еще меньше, живет помойное ведро. В его сторону и смотреть не надо, потому что все равно ничего интересного там не увидишь. Ведро выносят несколько раз в день и выливают в «удобства», которые у нас на улице. Окошко, маленькое и узкое, почти не дает света, поэтому здесь всегда полутемно, даже когда горит лампочка, свисающая на закрученном шнуре. И всегда зябко, даже летом: прихожая-кухня — не А-ТА-ПЛИ-ВА-ИТ-СЯ — учит меня няня Маруся трудному слову... Поэтому хочется побыстрее открыть вторую дверь, прямо напротив первой, и, перепрыгнув через порожек — ничего, не СПОТЫКНУСЬ! — оказаться в нашей столовой.

Столовая — потому что в ней стоит стол, покрытый клеенкой с бледными синеватыми точками от частого мытья, плотно припертый к стене. Стульев — два, первый — с одного бока, второй — с другого, а табуретку двигают то туда, то сюда, чтобы не мешалась под ногами.

Из столовой ведут две двери: первая — в нашу, мамину-папину-мою, комнату. Комната как комната, очень заставленная: тахта, моя раскладушка (чего ее убирать, если каждый вечер надо снова раскладывать?), шкаф с вещами. Ничего интересного, кроме маминых платьев и туфель на каблуках. Еще — полка с нашими книжками, моими играми и игрушками, и коврик, чтобы удобнее было сидеть на полу, с вечерними синими звездами в синих лучах. Вторая дверь похожа на ворота, потому что она из двух половинок, и они распахиваются перед тобой, как в старинных замках, в разные стороны: мол, проходите, проходите, желанные и дорогие гости... Это — наша праздничная столовая, собираться всем вместе по праздникам. В ней тоже есть стол, квадратный на четырех слоновьих ногах, конечно, без клеенки, вовсю блестящий, как зимой лед на нашем пруду, что через дорогу. По праздникам он раздвигается, чтобы стать еще больше и мы все могли бы за него усесться: и я, и мои родители, и Маруся, и бабушка с дедушкой, и их младший сын, папин брат, уже женатый, но еще без детей. Могут быть и разные другие родственники. Например, красавица Софа с огромными черными глазами и маленьким ротиком, совсем как у принцессы. Она — дочка бабушкиной сестры. Бабушкина сестра старше ба-

8

бушки, вся седая, морщинистая, какая-то кривоватая и страшноватая. Даже не понятно, как у нее могла получиться такая дочь-красавица. Я часто думаю об этом. Еще приходит какой-то Гриша с висячей рукой, хорошо, что левой, потому что иначе было бы трудно есть. Я все время хочу спросить у него, как он одевается, но бабушка сказала «ни в коем случае!» и поэтому я молчу.

Моему дедушке очень нравится, когда собирается много народу. Во-первых, он говорит, для того и придуманы праздники, чтобы всем собираться вместе. А во-вторых, в таких торжественных случаях всегда подается домашняя вишневая наливка. У нее особенный цвет, как будто в ней плавает солнце, удивительный запах летнего утра, а про вкус — не знаю, но, видно, неплохой, если все ее так любят. Вишню обычно покупают на базаре. Косточки из нее выдавливают специальной палочкой, а можно и булавкой, а потом, уже без косточек, вишню запихивают в бутыли — такие большие-пребольшие бутылки, засыпают сахаром и относят в погреб. От вишни руки у всех становятся красными. Бабушка с дедушкой сердятся друг на друга, потому что друг друга не слушают: бабушка считает, что она лучше дедушки знает, как вынимать косточки, но дедушка думает — наоборот. А я сижу с ними и потихоньку ем вишню: хотя и вкусно, но все-таки кисловато.

Когда стол раздвигается, он наступает на бабушкин-дедушкин диван, потому что в обычные дни это их комната. Он теснит косолапый, под стать столу, сервант с праздничными чашками, и окончательно загоняет в угол маленький деревянный столик, мой любимый, с извивами и узорами. Гораздо позже на нем появится телефон, а сейчас он покрыт салфеточкой с МЕ-РЕЖ-КОЙ — странное слово, да и мережка сама по себе

9

тоже непонятно что... А над столиком висит наша драгоценная тарелка: желто-зеленый прозрачный виноград, которого я никогда не пробовала, должно быть, очень сладкий, и несколько грецких орехов (ими меня уже угощали), один — расколотый, и внутри — вся в жилочках волнистая масляная долька. Солнца на тарелке нет, но оно есть сбоку, это я ясно вижу, потому что на ней все горит и переливается, и ободок у нее совершенно золотой.

В праздничной комнате есть еще одна дверь, самая обычная. Она никогда не закрывается, потому что за ней живет — прямо не верится! — мама моей бабушки, всегда в косыночке, в теплом халате и толстых носках. Она все время лежит на своей кровати и трудно вздыхает и охает, и нужно внимательно слушать и слышать, как она там дышит. Я туда почти не хожу. Страшновато, да и бабушка не очень разрешает, потому что я шумная, да и руки у меня, как они все считают, дырявые. Я уже привыкла, что из них все валится: и чашки, и вилки, и ложки, и даже тарелки... Стаканы мне вообще не дают, слишком мелко бьются. Бабушка никак не может позабыть об этажерке, как я ее почти что опрокинула и очень напугала ее старуху-мать. Я уже давно обратила внимание на эту этажерку, но все боялась подойти поближе, а тут получилось как-то само собой. Я увидела на ней коробку, а из коробки торчала, как мне показалось, красная, я бы даже сказала, алая лента. И ноги сами понесли меня к ней. Я ее, эту ленту, потянула, и тут все стало падать: какие-то книги, бумажки, драгоценная вазочка, потому что подаренная бабушке подругой, и, конечно же, коробка с катушками-нитками. Они так и посыпались, так и покатились в разные стороны. А лента оказалась не лентой, а каким-то огрызком тряпки. С тех пор я туда не хожу и делаю вид, что этой комнаты вообще нет.

Впрочем, Маруся и бабушка считают, что я вообще громкая. Ногами топаю, как медведь, и это при том, что я — только кожа да кости, а когда есть не хочу, то поднимаю крик, а уж если мне моют голову над тазом, то еще хуже, тут я начинаю вопить.

— Давай-давай, — сердится бабушка, — можешь еще громче. Пусть тебя весь мир услышит! Скоро у меня у самой голова лопнет!

Хорошо, что голову не надо мыть каждый день, это тебе — не руки!

КАРТОШКА В МУНДИРЕ

В обычные дни, если дома я, бабушка и Маруся, потому что все остальные — работают и приходят, когда хотят, то мы, прямо по-царски, располагаемся в нашей маленькой столовой: я — у окошка в углу, чтобы смотреть сквозь желтый тюль, что там делается во дворе — это днем, а вечером, и особенно зимой, не упустить, когда перед темнотой все сначала бледнеет, потом почему-то синеет, и только после этого становится черным.

Маруся расставляет тарелки, сначала — ГЛЫБОКИЕ — это она так говорит. Потом звенят ложки-вилки — для каждого — и один большой нож, подальше от меня, поскольку нож еще страшнее, чем примус и помойное ведро. Бабушка уже принесла первую кастрюлю, горячую-прегорячую, машет пальцами в воздухе, и тут же идет за второй, прямо огненной, чтобы не бегать все время туда-сюда, и теперь уже дует на пальцы, что странно и даже загадочно, потому что я так делаю, когда руки у меня мерзнут.

— Буль-О-О-О-н, — пропевает Маруся.

Куриный, жирный, полезный, почему-то всегда с разваренным луком и расползающейся морковкой. И пахнет неприятно. Но он, этот почти невозможный запах, смешивается с другим, сладким, волнующим душу и ноздри, все перекрывающим и умиротворяющим: запахом картошки, сваренной в мундирах.

По рассказам, лет до шести я ничего — из серьезной еды — не ела, кроме бульона и картошки. Бульона, потому что почти закрыв глаза, быстро как лекарство его проглатывала. Договор был прост: жидкости этой не больше пяти столовых ложек. Мне очень нравится эта цифра — пять, ведь я родилась именно на нее! А лук вылавливает Маруся, она, конечно, ругается, даже шипит иногда, как змея, но делает это проворнее бабушки. Дальше: никаких полочек, так почему-то называются куриные ноги, и других куриных ошметков, и тем более, разваливающейся моркови. Итак, бульон, раз-два-три... готовлюсь! Раз-два-три — глотаю.

— Господи! — вступает Маруся. — Прямо спектакль тут устроила... Будто червяка какого проглотила...

Но теперь уже точно не до разговоров! Где там моя картошечка, моя сладкая бульбочка?

— Запомнила! — радуется Маруся.

Еще бы, не запомнить! Чищу ее с Марусей вместе, не боясь обжечься, тороплю и тороплюсь: вот ободрали эту горячку-кожу, вот разрезали на куски и кусочки... Теперь дело за бабушкой. Нужно, чтобы она отрезала как можно больше сливочного масла, чтобы получились настоящие масляные реки, присыпанные солью. Бабушка всегда сама отмеряет масло, никому не доверяя, потому что оно куплено на целую неделю. Я смотрю ей прямо в глаза. Они — небольшие и серые, но когда-то были, так она объясняла, большие и голубые. Я смотрю ей в глаза — ВЫ-РА-ЗИ-ТЕЛЬ-НО! Еще одно трудное слово.

— Получай! — и мне в тарелку плюхается желтый мягкий кусок.

Есть такое слово: блаженство! Я его уже хорошо понимаю.

Заканчиваются мои трапезы облизыванием пальцев. До сих пор не понимаю, почему взрослые не обращали на это внимания.

НАШ ДВОР

После обеда можно пойти в свою комнату и там тихо — слышишь, тихо! — поиграть. Но если на улице не холодно, не льет дождь, не падает град, не сверкают молнии, не растекаются морями лужи... и так далее, и так далее, то можно пойти гулять. У меня никогда не было и минуты колебаний: конечно, гулять, и чем быстрее, тем лучше: в валенках с галошами или в теплой кусающейся кофте, или в платье и сандалях...

Там, во дворе, я любила наш дом еще больше, чем внутри: за его деревянные бревенчатые сказочные бока, за крыльцо, с которого можно было прыгать и прыгать, сначала с самой первой ступеньки, потом со второй, а потом — сразу через все три. За сирень, которая весной кружила голову своими запахами, за боярышник, по осени он чернил губы. К малиннику я близко не подходила, потому что он царапался как сумасшедший, но терпеливо ждала, когда в чашку наберут спелых ягод, и тут же на крыльце медленно, ягоду за ягодой, разминала зубами и размазывала языком, и только потом глотала. А уже после этого шла проверять бочку, подставленную под длинную трубу, идущую прямо с крыши. В ней собиралась дождевая вода для поливки и мытья головы. Пить ее было нельзя, а вот поболтать в ней руками или даже полить себе на ноги или брызнуть на голову — пожалуйста, особенно если жарко.

А от бочки — два шага до беседки. Беседка у нас больше для украшения, чем для пользы, так говорит дедушка. Сидеть в ней — неудобно, слишком узкие скамейки. Но у дедушки была такая же на Украине, в самом нежном городе на свете (иначе почему бы он назывался Нежин?). Дедушка специально сделал похожую — для памяти, «потому что нет ничего важнее памяти, доченька!» — это он так почему-то называет меня. Я же могла забраться на узенькую скамейку с ногами и с высоты наблюдать за бабушкиными цветами — желтыми, белыми и красными. Синие она не любила.

Летом бабушка их поливала чуть ли не каждый день, обирала подвявшие цветочки и листики, и складывала их сначала в руку, отчего она становилась грязновато-зеленоватой, а потом в банку-жестянку, которую переставляла с места на место, чтоб была поближе... «Сколько бутонов! Ах, сколько бутонов!» — шепчет она сама себе, но я-то слышу, потому что сижу в беседке.

Еще, именно из беседки, я могла, как бы с возвышения, насмотреться на пустую теперь собачью будку. В ней жила Дезька, моя рыжая, мохнатая, ласковая собака, но она умерла от старости. Дедушка гладил меня по голове, целовал и говорил, что у нее была очень счастливая собачья жизнь, она не была ни голодной, ни холодной, ни бездомной и дожила почти до ста человеческих лет, и никто никогда даже не пытался забрать ее на мыло.

— Убери ты, Яша, наконец, эту конуру! На доски, что ли, разбери! — пристает бабушка.

Но когда эту конуру и убрали, для меня все равно ничего не переменилось. Из беседки я посылала Дезьке свои приветы и любовные слова. Где-то же она должна была быть!

МОЙ ДРУГ ЛЕНЬКА

Наш садик и дом обнесены забором. В заборе, конечно, есть калитка, и через нее я выхожу в наш большой двор. Это мне разрешают, но я знаю, что в окно поглядывают и бабушка, и Маруся, а Маруся еще иногда выскакивает на минуточку на крыльцо и громко кричит мне: как дела?

Как дела? Хорошо! Вот, рисую себе классики палкой на земле, прыгаю то на одной ноге, то на двух, то прямо, то боком... Но если во двор выходит мой единственный друг Ленька, то все сразу меняется и становится замечательным! Впрочем, и я у него — тоже единственный друг, потому что других детей в нашем дворе нет.

Ленька был старше меня года на два-три, ходил в школу и жил в соседнем доме. Одноэтажный дом этот был разделен на две половины, в одной — обитали Ленька с мамой и бабушкой, в другой — старая ведьма со своей немолодой дочкой, тоже ведьмой. По утрам старая ведьма выходила в наш общий двор, аккуратно прикрывая за собой калитку, чтобы никто туда, к ним, не зашел и ничего там не увидел, и начинала метлой из жестких прутьев мести землю. Почему-то все вокруг начинало скрежетать, особенно, если она попадала в лужи, в воздухе темнело, я сама видела, и в этих клубах то ли дыма, то ли пыли она проворно летала туда-сюда. Потом из калитки выходила младшая ведьма, одетая в серый платок и серое пальто, чтоб никто не знал, кто она на самом деле. В одной руке она несла бидон, в другой — сумку. Она ласково улыбалась старой ведьме и, наулыбавшись, уходила из нашего двора на улицу.

Ленька рассказал мне, что каждый вечер ведьмы варят у себя зелье, которое страшно воняет, даже у них на половине дышать невозможно, потом они его то ли едят, то ли пьют и воют после этого свои ведьмачьи песни.

— Ты слышала?

— Нет... — отвечаю я неуверенно, но мне сразу кажется, что слышала.

Однажды мы возвращались с бабушкой из магазина и во дворе столкнулись со старухой. И моя бабушка, как ни в чем не бывало, стала с ней разговаривать, и даже улыбаться. По мне бегают мурашки страха, и я тяну ее за руку — домой!

— Извините, — говорит ведьме бабушка, — моя внучка, видимо, куда-то хочет!

— Неужели ты ее не боишься? — спрашиваю я бабушку дома.

— А почему я должна ее бояться?

— Она же — ведьма, пьет зелье и, наверное, на метле своей по ночам летает!

— Что за глупости! Какая метла! Несчастная одинокая женщина... Всех на войне потеряла. Последнюю племянницу к себе забрала.

А мы с Ленькой думали, что дочка... Впрочем, я знаю, что такое племянница, поскольку я сама племянница. Я знаю, что такое «одинокая и несчастная». Это как Аленушка и как братец Иванушка, но что такое — «война»?

При первой же встрече спрашиваю у Леньки.

— Война — это когда все стреляют и русские побеждают! — отвечает он мгновенно. — Можем

16

поиграть: я буду — русские, а ты — немцы. Вот тебе автомат, из него стреляют! Понимаешь?

Он протягивает мне тоненькую ветку, которую подбирает с земли.

— А мне нужен пулемет...

Он бежит за дом, у него там секретное место, и приносит — большую палку.

— Нечестно! — говорю я. — У меня — веточка, а у тебя — палка!

— Во-первых, пулемет всегда больше! Понимаешь? А потом — какая разница! Ты хоть сто пулеметов возьми, а конец у тебя один! Кричи громко «Хайль! Хайль!», беги вперед и стреляй вот так: «ту-ту-ту-ту...» А вот здесь, в засаде, я тебя уже давно поджидаю! Ты меня не видишь. Но я даже не высовываюсь, а так — приподнимаюсь, и — трах-тарарах — убиваю тебя! Капут!

— Падай же, чего стоишь, я в тебя уже сто раз попал!

Я падаю на сыру землю (от вчерашнего дождя), ушибаю коленку, рву чулок, и взлетаю вверх в Марусиных руках! И так и не успеваю по-настоящему изобразить из себя жалкую немецкую смерть.

Между прочим, я обожаю Марусины руки. Они у нее большие и всегда горячие. Когда она поднимает меня, я и вправду взлетаю, как будто на высокую гору, потому что Маруся — великан. Она выше дедушки и даже папы, о женщинах и говорить нечего. Сейчас она поднимает меня реже, чем раньше, все-таки я стала тяжелее, но раньше я всегда находила покой на ее роскошной груди. Про роскошную грудь сказал однажды мой дядя, папин брат, я случайно услышала, но мне понравилось. Шея у нее тоже мягкая и еще горячей, чем руки, и в нее сладко уткнуться и даже поплакать. Раньше, если что, я так и делала, но теперь меня больше интересуют ее зубы. Они называются «щербатые», то есть такие волнистые с полосочками. Иногда я прошу у нее разрешения их потрогать, так, легонько, потому что смотреть на них всегда можно. Маруся, если не сердится, то всегда улыбается.

Вполне возможно, что жизнь именно в этом доме в Сокольниках, вернее, в Черкизово-Богородском, с сиренью, малинником, беседкой — навсегда определила мое представление о счастье... Была она, эта жизнь, почти что деревенской. За водой ходили с ведрами: у Маруси — два, у бабушки — одно, у меня — тоже одно, но маленькое; на пруду через дорогу весной и летом квакали лягушки, а зимой можно поскользить на ногах по льду; вечно лают собаки: одна начинает, другие подхватывают. Под их лай было очень спокойно засыпать: звуки как будто растворялись в воздухе, превращались в сладкий гул и обволакивали, как теплое одеяло. Я любила баню, но меня чаще мыли дома; обожала продуктовый магазин, в котором мне покупали барбариски, и была немножко влюблена в продавца дядю Нюму. Он всегда выходил из-за прилавка и, потрепав меня по волосам, говорила странное слово — «амейделохе»; я рвалась на прогулки с дедушкой, хоть даже за руку, и мы доходили далеко, до трамвая, на котором можно было доехать до метро, а на метро — до Красного Кремля... Но главное — я купалась во всеобщем тепле и любви: так сладко было быть единственной дочкой, единственной внучкой, единственной племянницей, единственной Ленькиной подружкой... Да и у Маруси я тоже единственная.

Умение жить в моменте — счастливое и очень детское.

ПАПА, МАМА, Я

В детстве не очень понимаешь, что жизнь не стоит на месте. Наоборот, она кажется незыблемой и постоянной, такой постоянной, что иногда даже становится скучно. Но, как мы знаем, она течет и меняется.

— Война закончилась, и мы победили! — рассказывает мне папа.

— Уже знаю! — спешу поделиться я.

— Мирное время началось весной, в мае, знаешь, когда все расцветает, — продолжает папа, ничуть не удивляясь, — ты в это время еще не родилась... На Красной Площади, помнишь, мы туда ездили, был Парад Победы, чуть позже, в июне.

— Парад?!

— Забыла? Я же тебе рассказывал! Правильно: танки, пушки, солдаты... Так вот, я участвовал в Параде Победы!

— Сколько тебе было лет?

— Двадцать два!

— Такой старый! — удивляюсь я — А что было потом?

— Потом я заканчивал академию!

— Какую? — интересуюсь я на всякий случай, потому что папа мне много раз объяснял какую, но слова были непонятные и, в общем, для меня не важные: военную, химическую, какую-то еще...

— А что дальше?

Я прекрасно знаю, что дальше. Дальше папа встретил маму. Она тоже была в военной форме, как и он, и умела говорить по-английски, и учила этому языку других военных.

Одна из моих любимых фотографий — не та, где мама с папой лежат рядышком на песке у моря и на ней написано 1947 год, а та, другая, где они стоят. Папа обнимает маму, а она клонит свою голову к его плечу. Папа худой-прехудой, и нос у него гораздо длиннее, чем на самом деле, на голове — много волос, и он так выглядит, как будто у него внутри горят лампочки. А мама в какой-то удивительной, вся в узорах, блузке, не кофточке, а именно блузке, и с бусами, которые я хорошо знаю. Она улыбается так мягко-мягко, и глаза у нее призакрываются, как будто она вот сейчас сладко заснет у папы на плече.

— Ну, а что же было потом? — тут я уже хитрю.

— А потом родилась ты!

Папа привел маму в наш дом — а куда же еще! — и они поселились в комнате рядом со столовой. Время было светлое, полное надежд, особенно для молодых людей, таких, как мои родители. Вся жизнь — впереди, только бы не было войны! И мне тоже повезло, что я родилась именно в такое спокойное время, ошибись я немного — и даже не знаю, что бы получилось, может, пришлось бы воевать с настоящим автоматом.

Бабушка раз сто, наверное, рассказывала, как меня принесли из родильного дома: мама вошла первой, и все начали ее обнимать и целовать. А за ней стоял папа, держа меня на вытянутых руках, как поднос с посудой. И что делать с этим подносом он совершенно не понимал.

Я люблю разговаривать с папой, много-много, особенно сейчас, потому что одно время он жил далеко. После окончания академии ему пришлось уехать куда-то работать, и изменить это было никак нельзя. Если бы не бабушкины истории, я, может, и не знала бы об этом или забыла. Но бабушка, опять-таки, раз сто наверное, объясняла мне, как она по очереди разговаривала то с мамой, то с папой — молодые, что они понимают! — и успокаивала, и настаивала, что пока, раз ничего поменять нельзя, то и менять ничего не надо! Не бросать же маме ее работу! О чем вы говорите! И куда ехать-то, к черту на кулички? Там и врачей-то, наверное, нет. И нечего ребенка тащить неизвестно куда, в военный городок! Потерпите! Как-то все образуется!

И папа, действительно, вернулся. Но не только потому, что его перевели на другую работу, недалеко от Москвы, а и потому, что заболела мама. А может, все так получилось именно потому, что мама заболела, и папе удалось объяснить, что это очень-очень серьезно, и нашлись добрые люди и помогли ему.

О том времени у меня осталось только одно, очень зыбкое, воспоминание: мы с папой куда-то долго едем. И вот, наконец, заходим во... дворец, огромный и мраморный, с колоннами и высокими-высокими потолками. Мама выбегает к нам навстречу, она в странном халате, с тонкими завязочками, очень длинном, почти что до пола. Она улыбается, трется щекой о мою щеку, так она делает всегда, когда мы встречаемся, и уже только потом целует и обнимает. Длинный халат — конечно, интересно, но не сейчас. Сейчас я не могу отвести глаз от колонн и блестящего с узорами пола, и думаю только о том, как расскажу завтра Леньке о своем везении, вот ведь как бывает, попала в настоящий дворец! Он даже присвистнет от удивления, потому что уже научился свистеть.

Тогда мамина болезнь — почти незаметно прошелестела мимо меня. Уже потом, отсчитывая время назад, я увидела, как это было, будто сняла свое собственное кино по бабушкиному сценарию. Вот мама пришла вечером домой, и бабушка хотела разогреть ей ужин, но мама молча махнула рукой и ушла в нашу комнату, и долго не включала там свет, а когда вышла, то была белее белого, белее нашей выбеленной стены в столовой. Потом

21

появилось слово — операция. К нему стали добавляться другие: сложная, опасная...

И главное — удачная, потому что не было метастазов. Грудь пришлось удалить, но она, эта операция, сохранила маме жизнь еще на двадцать пять лет.

Конечно, я слышала всякие разговоры, но вряд ли обращала на них внимание: из самых странных слов, которые произносились взрослыми, я более-менее знала одно — «операция», и даже играла в нее. Потому что мамина родная сестра была врачом, и она часто приезжала к нам — погостить.

ВРАЧИ И ПАЦИЕНТЫ

Каждый раз, когда мы встречаемся с тетей, она горячо и нежно обнимает меня, прижимая к своему сердцу. А я прижимаю ее к своему, и на всякий случай изо всех сил слушаю: вдруг почувствую, как бьются эти наши сердца. Но оказывается, есть такая замечательная вещь, резиново-металлическая, с очень сложным — не выговорить — названием. Вставив ее два конца в уши, а третий прижав к груди, с самой левой стороны, можно оказаться совсем близко к сердцу и услышать, как оно работает.

И тут уже начинается игра: я — доктор, моя тетя — пациентка. Больному надо смотреть прямо в глаза и улыбаться, иначе тебе не поверят. А потом весело сказать: у вас, голубушка, все в порядке, такое сердце... тысячу лет проживете. Но, с другой стороны, если это сказать, то вся игра сразу и закончится. Поэтому правильнее сделать лицо печальным и твердым голосом объяснить: ничего вам, дорогая моя, не поможет, только операция! И больная тут же соглашается, потому что очень мне доверяет. Я укладываю ее на спину — вот и коврик мой с синими звездами пригодился — достаю из кармана заранее приготовленные тряпочки, понарошку поливаю их, как будто чем-то жидким, медицинским и тщательно промокаю больную, всю, с ног до головы. Что делать: все-таки операция! А дальше надо дуть и долго махать бабушкиным веером, пока она не закроет глаза и не заснет. И вот тогда одним движением руки я и делаю эту операцию, и, чтобы все получилось, как надо, несколько раз щелкаю пальцами. Чем громче, тем лучше. Потом опять — нежное обтирание. А вот дуть не надо, а то можно разбудить больную.

Маруся как родственница навещает прооперированную, приносит ей яблоко и чашку с водой, боится, что стакан я разобью. Но я ее все равно хвалю, потому что после операции надо подкрепиться. И мне — тоже. Я грызу свое яблоко и слушаю, как они болтают обо все подряд: про Марусину деревню, ее женихов, какое-то там образование. И, доев яблоко, я как врач становлюсь очень недовольна этими разговорами и строго выпроваживаю Марусю, мол, приходите-приходите завтра. «Приду!» — обещает Маруся и посылает нам воздушные поцелуи.

Я так привыкла к этой нашей игре, что громко рыдаю, когда моя тетя уезжает и увозит себя, а с собой и фонендоскоп.

«Ты такая хорошая и добрая девочка! — гладит меня по голове Маруся. — Не плачь! Приедет к тебе твоя тетя, скоро приедет...»

Я заливаюсь еще громче, потому что мне очень нравится, когда меня так любят и так жалеют. Но по большой правде мне очень горько расставаться с ней. Может быть потому, что я знаю, какая у нее невозможная работа и как ей трудно жить — где-то там, совсем одной.

Однажды я услышала, как она шушукается с мамой и рассказывает, что там, у нее — один сплошной ужас, мало еды, нет лекарств, и непонятно, с чего начинать. И дети... умирают. Как, разве дети умирают? Я не верю своим ушам: умирают только очень старые собаки. А спросить об этом боюсь: а вдруг — правда? И что тогда?

Спустя много лет я узнала, что тетя после окончания медицинского института работала по распределению в женском лагере, где-то под Тамбовом. Отвечала за все подряд, в том числе за рожениц и детей. И они, не все, конечно, но умирали.

«Я даже не знаю, с чего начать! — жаловалась она маме. — Руки от всего этого опускаются...»

Я представляю, как она ходит с опущенными руками и никак не может их поднять. Должно быть, это невыносимо.

Мама долго молчит, а потом говорит: «Знаешь, делай так, как ты делала бы у себя дома. Одно за другим... И потихоньку все наладится».

Я знаю, что совет этот сработал, потому что для них обеих «делай, как дома» означало — со всей душой, с полной отдачей.

Думаю, моя тетя никак не могла себе представить, что каждый раз, когда мы с ней расставалась, я всегда плакала. Уезжала ли она в свой Тамбов, или, выйдя замуж, в Молдавию, или я, навестив ее в Молдавии, возвращалась домой — уже великовозрастной девицей, я всегда глотала слезы. Я писала ей письма и открытки, по-детски поздравляя с ноябрьскими, новогодними и майскими праздниками, дрожала от радости, когда получала от нее письма. Не снимала с руки первые в жизни часы, которые она мне подарила, и, чтобы было еще приятнее, в них спала. Я прислушивалась к ней как мало к кому; чувствовала себя спокойно, легко, уютно, когда она была рядом, и даже мысли о ней успокаивали меня, делали защищенней и уверенней. И всегда считала, что с ней, да впрочем, и с другими родственниками, мне необыкновенно повезло!

Пожалуй, у нас было одно-единственное расхождение: она считала, что жить нужно для детей, внуков, что семья — самое святое на свете. Я долго с ней не соглашалась.

СНЕГ, ЛЕД, ПРОРУБЬ

Детская память — прерывиста, но ярка. Жизнь в бабушкином доме напоминает мне коллаж, и он, как и всякий коллаж, состоит из обрывков, кусочков, осколков, выхваченных и высвеченных памятью. Вот один из них. Выглядываю утром в окно: с неба падает и падает белое, пушистое, и уже много этого белого и пушистого лежит на земле.

«Снег!» — радуюсь я.

«Зима!» — подтверждает Ленька, когда мы встречаемся во дворе.

Зима — это тяжелое пальто, валенки с калошами, шапка, все время налезающая на глаза и варежки, которые теряются... Но с другой стороны, в теплом пальто замечательно съезжать с горки, надо только правильно сесть, чтоб попе было и мягко и тепло. Из-за калош валенки не мокнут и ноги всегда сухие, а варежки пригодятся, чтобы играть в снежки. Ну, а шапка — само собой!

Когда снега много — можно в него «валиться». Ленька напоминает мне, как это делать: становишься спиной к сугробу, расставляешь руки в стороны, закрываешь глаза, набираешься смелости и падаешь в него как в перину.

«Покажи!» — умоляю я.

Мы идем за дом, и я еще не успеваю оглянуться, как он уже «валится».

«Нет, все-таки снега еще маловато!» — отряхивается он, вставая. Похоже, он даже ударился.

Но снег идет и идет, почти каждый день. И сугробы растут сами по себе, и мы уже попробовали из их глубины доставать совсем чистый снег и таять его во рту, как мороженое. Конечно, когда никто не видит.

Зимой наш пруд, что на другой стороне улицы, замерзает и превращается в ледышку. На коньках там никто не катается, да я еще и не умею, но разбежаться изо всех сил, скатиться с горки, есть там такая, а потом скользить — вполне получается. Даже если упадешь, то не страшно, конечно, больно, но не очень. Обычно, когда я вот так летаю по этому льду, недалеко от меня Маруся или бабушка, смотрят, не спускают глаз.

Но вот — они выпускают меня во двор, погулять. Леньки нет. Вообще никого нет. Мне скучно, я думаю, чем бы заняться и решаю пойти на пруд. Одна. Как так? А вот так! Улицу я перебегаю: смотришь налево, потом направо. Чего проще! Да и разве это настоящая улица? Так — десять маленьких прыжков! Я туда и обратно, никто даже не заметит!

Сегодня вообще какой-то совершенно особенный день: мало того, что я разгуливаю, как взрослая, так еще я — в новеньких сапожках. Там, на пруду, их все увидят и будут в восторге. Но сейчас самое главное — проверить, как они скользят. Я уже разбежалась, уже скатилась с горки, не упала, и теперь скольжу так, что даже дыхание перехватывает. И несет меня прямиком в полынью, то есть в такую дырку во льду. Дырка эта здесь уже несколько дней, я ее видела, даже удивлялась, зачем, а потом просто забыла.

Конечно, меня вытащили: очень даже повезло. На пруду были чужие няни и бабушки. Они начали кричать, и я тоже. К счастью, мимо проходил какой-то дядька, длинный, худой и небритый, он тоже начал кричать, чтобы все отошли, как-то так ловко нагнулся, протянул мне свою длинную руку и выдернул из воды. Я даже не знаю, успела ли я почувствовать, что вода ледяная. Я показала ему, где живу. Он перевел меня через дорогу. И я пошла к дому.

Иду я к дому и плачу, из пальто капает и капает, и мои новые сапожки хлюпают и хлюпают, как будто тоже плачут.

Дверь открывает Маруся. Тут же появляется бабушка. Они даже на меня не смотрят. Даже не спрашивают, что случилось, а тащат в комнату, быстро раздевают, прямо догола, и до красноты растирают полотенцами. Потом одевают, сажают на диван, укрывают одеялом и приносят горячий чай с малиновым вареньем. Нашим домашним вареньем: малину собирала Маруся, варенье варила бабушка. Я пью чай, облизываю ложку и чувствую, что засыпаю. И, скорее всего, долго-долго сплю.

«... НЕ ВЫПУСКАЮТ ГУЛЯТЬ ОДНУ»

Теперь меня не выпускают гулять одну. Даже во двор. Даже если во дворе — Ленька. Со мной — всегда — Маруся. Ходит как тень и во все вмешивается. А уж если мы с ней покидаем двор, то она крепко держит меня за руку. Иногда со мной выходит бабушка. Это, в каком-то смысле, даже труднее, чем Маруся. Маруся хоть с горки может скатиться, упасть или прыгнуть, а бабушка может только смотреть и часто говорить: «Не надо!» «Не надо ходить за сараи! Не надо быстро бегать, и вообще бегать не надо! Посмотри на свои руки! Почему обязательно лезть в этот грязный снег руками?»

Но бывают дни, когда и Маруся и бабушка заняты, не знаю уж чем, но — заняты. Папа, конечно, на работе. Мама болеет в больнице. Остается только дедушка. Но он очень редко гуляет со мной. Прежде всего потому, что не любит зиму. Зимой он много кашляет. Конечно, он тоже может быть занят: он, хоть и старый, но еще работает. Конечно, не с утра до вечера, но много. Он самый главный в каком-то месте, где шьют. Он и сам может сшить все, что хочешь, хоть пальто, хоть платье, хоть военное... У него лицо, как луна, круглое, милое и желтоватое. Он носит толстые очки, потому что шьет всю свою жизнь и давно испортил себе глаза.

И все-таки иногда, если везет, — он гуляет со мной. Мы идем медленно, чтобы не упасть, у него для этого есть даже специальная палка, и все время смотрим, что там — впереди, что — слева и справа.

— Смотри! — говорю я ему, — видишь, там валяется какая-то бумажка.

— И пускай валяется! Зачем она нам нужна? — как-то очень добродушно спрашивает он. — Что у нас своих, что ли, нету

— Какая странная бумажка! — не унимаюсь я. — Посмотри, это же — деньги!

Мы подходим поближе. Он своей палкой начинает ее, эту бумажку, ковырять и поворачивать то в одну, то в другую сторону.

— Ты права! — наконец говорит он. — Это — деньги, большие! Двадцать пять рублей!

И вот на все эти рубли мне покупают елочные игрушки. Скоро ведь Новый год. Они лежат в картонной коробке на толстом слое ваты, как на снегу, каждая по отдельности, так что можно рассматривать любую до бесконечности. А если захочется увидеть, что там с другой стороны, то надо позвать кого-нибудь из взрослых, чтобы перевернуть ее, потому что игрушки — очень хрупкие. Даже стаканы крепче!

И вот тут, в этом самом месте, моя память буксует. Я помню про деньги, помню про игрушки, про вату, присыпанную блестками, но совершенно не помню елки. Даже угла не могу найти, в который ее могли бы поставить: тут она не умещается, а тут — всем бы мешала...

Но навечно помню, что елки, одна за другой, появляются везде, где бы я ни жила с родителями, до самых моих взрослых лет. Обычно их приносила мама, поэтому они были не большими, главное, чтобы пушистыми. Они пахли свежестью и кололись. На вид иголки были крупными и сочными, а на вкус — горьковатыми.

ПЕРЕЕЗД

Пожалуй, какая-то последовательность в моих воспоминаниях появляется только в связи с нашим переездом. Мне уже около пяти.

Папа работает на своем новом месте, мама здорова, но больше не работает, как говорит бабушка, по состоянию здоровья, и поэтому может быть все время со мной. Мы живем в большом, даже громадном доме с длинными, почти бесконечными коридорами, на третьем этаже, и у нас — своя! — комната. В коридоре много дверей, за каждой дверью — по комнате, и в каждой живут люди, наши соседи. Но есть особенные двери, они — больше и тяжелее, за ними — кухня с плитами, на каждой по четыре конфорки, не то что у бабушки. Кроме этого, есть другие большие комнаты, в которых высокие металлические души, и не один, а несколько (так мне, по крайней мере, кажется) и кабинки с унитазами, тоже много, потому что много — это больше двух. И не надо никаких тазов, ни бани, ни горшка. В общем, как говорит мама, земной рай!

На нашем этаже много детей. Раньше у меня был только Ленька, которого я и до сих пор люблю, но не скучать можно и с другими. Мы громко бегаем по нашему коридору, сначала вместе, туда-сюда, потом наперегонки. Еще — можно носиться с этажа на этаж. Например, на втором этаже есть женское общежитие: одна большая комната и в ней много кроватей, на которых спят женщины. Все они работают на кирпичном заводе. Можно постучать к ним, а, когда они почти откроют дверь, убежать. Они сначала громкими голосами нежно спрашивают: «Кто там?» Думают, к ним пришли их ухажеры, которые таскают их зачем-то в наши уборные. А когда понимают, что это — не они, то ругаются и что-то кричат нам вслед, но мы их не слушаем.

Я этот кирпичный завод в глаза не видела, но очень хорошо представляю: он весь из красного кирпича, на то он и кирпичный, с длинными трубами, прямо до небес, и из них идет дым, как в книжке про мистера Твистера. Между прочим, почти у кого ни спросишь из соседских детей — где, мол, работает твой папа, они тут же отвечают: мой папка работает на кирпичном заводе. А некоторые говорят так: и мамка, и папка — обои — работают на кирпичном заводе. И только совсем немногие — в папиной военной части, потому что военные.

Что еще? Еще мы по очереди скатываемся по перилам вниз, и так хоть до первого этажа. А на первом этаже есть ход вниз, в подвал, о котором все время рассказывают ужасные истории: то ли там кого-то нашли, то ли кого-то потеряли. Почти каждую ночь там кто-то кричит страшным голосом, а потом, говорят, наступает такая тишина, что сердце холодеет. И время от времени оттуда, не понятно как, вылезают черные кошки и разбегаются во все стороны. Вообще-то говоря, на этой двери, что закрывает ход, висит огромный замок. Мы пробовали его как-то расшатать, но у нас ничего не вышло. Ну и ладно! Пока, может, и не надо туда спускаться. Во-первых, все-таки страшновато-то, а, во-вторых, так — у нас есть тайна.

Мне кажется, что я довольно быстро обживаюсь на нашем новом месте. Это потому, что у меня появились привычные дела, а они и делают жизнь привычной, так говорит мама. Она учит меня читать, но больше читает мне сама. Я учусь заплетать ей косы: мы сидим с ней на тахте, волосы у нее длинные и темные, но есть и белые, и я старательно разделяю их на три части и потом — переплетаю... Вроде бы проще простого, а не особенно получается. Но «надо стараться, и тогда получится». Это — опять мама.

Над тахтой висит коврик: две женщины, изображенные со спины, идут к замку, за которым виднеется лес и озеро. Обе в пышных длинных платьях с высокими прическами. Я о них все знаю, потому что разглядываю каждый день и даже вожу пальцем, следуя узору, как бы рисую. Одна — покороче и попышнее, другая — высокая и худая. Та, что пониже, так мы решили, — мама, а та, что повыше — тетя. Кстати, скоро моя тетя к нам снова приедет. Я ужасно рада и жду не дождусь. Я покажу ей наш новый дом, наш новый холодильник, который за минуту все замораживает. Женское общежитие, души и уборные, мы будем играть с ней во врача и в школу. И, конечно же, я поведу ее в наш Универмаг, а потом на нашу железнодорожную станцию. В Универмаге есть все, что пожелает душа: игрушки, одежда, обувь, духи «Белая сирень» и зубная паста. А на станции — железнодорожный мост! Перекинутый через все железнодорожные пути, он огромен и высок. Такого прекрасного СО-О-РУЖЕНИЯ я никогда в жизни не видела, никогда так высоко, почти что до самых небес, не залезала, никогда не слышала, чтобы ступеньки, обитые не знаю чем, так цокали, пели и гудели, когда по ним проходят люди.

Не всем так может повезти — сразу: и с универмагом, и с железнодорожным мостом!

МОЙ МОСТ

Забравшись на мост, можно сверху вниз смотреть на электрички. Ходят они часто. Сначала зажигается зеленый свет. И где-то там, еще далеко, появляется что-то вроде змеи с горящими глазами, которая все растет и растет, шипит и шипит, и довольно быстро приближается к нашей платформе. И чем ближе, тем громче и веселее эта музыка! Но вот она, эта змея, как будто спотыкается, и уже не шипит, а гремит и стучит, и, наконец, останавливается. Двери распахиваются, и люди вываливаются на платформу. Потоком они устремляются к мосту, чтобы перейти по нему в наш поселок, и мост гудит, как на концерте. Но не все идут на мост. Несколько смелых мужчин, а иногда и очень смелых женщин прыгают с платформы и перебегают через пути... Они бегут и все время крутят головами то вправо, то влево, и даже назад. И это понятно почему: чтобы не попасть под идущий поезд! У меня перехватывает дыхание от страха, волнения и гордости. Я тоже изо всех сил кручу головой, чтобы в случае чего — крикнуть им, чтоб бежали быстрее или, наоборот, падали и прижимались к земле. И сердце мое колотится до тех пор, пока я не увижу, что они все в безопасности! Я уже пообещала маме, что никогда не буду так делать, даже когда стану взрослой, может, только один разок!

Но не только электрички ходили по нашей Киевской дороге. Еще — тащились длинные товарные поезда, скучные, с одинаковыми грязноватыми вагонами. И неслись поезда дальнего следования! Они мчались в свои дальние города, ревели, гудели, разбрасывали мелкий уголь из труб, и пахли совсем не так, как электрички — табаком, перегаром, потом, или товарняки — сыростью, а, как мне казалось, прозрачным виноградом, который я еще так и не попробовала.

Я готова была торчать на этом мосту бесконечно долго, хоть до самой темноты, которая превращала обычный день в праздник: стремительностью несущихся фар, перемигивающимися огнями светофоров, пятнами освещенных окон... Мне не мешал ни ветер, ни дождь. В конце концов, есть зонтик! Но взрослым, которых я затаскивала с собой на мост, все это быстро, по крайней мере так мне казалось, надоедало. Мама сжимала мою руку покрепче, и я знала, что это сигнал — пора уходить! Рука у нее всегда была мягкой, теплой, с чуть шершавым большим пальцем. Ее широкое обручальное кольцо оставляло след на моей ладони. Я хотела чувствовать его долго-долго, хоть — всегда, но он быстро исчезал. И тогда я просто воображала его: водила пальцем и находила. Бабушка, которая навещала нас, хватала меня не за руку, а за запястье и тащила за собой, как будто она паровоз, а я — вагон, чтобы успеть пройти через мост, пока не хлынет толпа. Тетя просто легонько держала за пальцы, мы шли с ней рядом, как подруги. А папа иногда разрешал идти впереди, отдельно, но только, чтобы он меня видел. И я чувствовала себя взрослой и совершенно счастливой.

Но одно дело — постоять на мосту, а другое — спуститься вниз, купить в маленьком домике под названием «Касса» билеты и, дождавшись электрички, впрыгнуть в нее, постараться сесть у окна, и всю дорогу глядеть на мир, который мелькает и мелькает за окном. Мы с мамой едем к бабушке, дедушке, Леньке, Марусе, которая все еще помогает бабушке. К дому, беседке и саду... И это будет длинное путешествие: сначала до Киевского вокзала, потом на метро с разными пересадками, потом на трамвае, потом пешком. И, наконец, окажемся у «своих» и за большим столом вспомним прежнюю жизнь. И поговорим о новой. Да, нам она очень нравится! Но это не значит, что мы забыли о нашей прошлой. Мы и скучаем, и грустим по ней.

Дом — такой же, как был. Бабушка ничуть не изменилась, впрочем, я видела ее совсем недавно. Дедушка все кашляет и кашляет, и прикрывает рот рукой. Маруся вот-вот переедет к другим людям, но там будет — мальчик, и как у нее получится с ним, еще не понятно. А меня она любит как прежде. И с Ленькой мы тоже повидались. Он стал совсем большим. Мне горько, потому что он, кажется, отвык от меня, даже не предложил во что-нибудь поиграть. Правда, все-таки зашел позже и принес в подарок книжку. Скорее всего, это значит, что все хорошо! Бабушкина древняя мама все охает да ахает, но стала как будто бы желтее и суше. Она уже покрыта теплым одеялом, из-под которого торчат ее худые ноги в теплых носках.

Между прочим, и мой дядя тоже оказался здесь. Он поссорился со своей женой и, как говорит бабушка, «бегает и бегает, то туда, то сюда». Ну и ладно, пускай бегает! Главное, сейчас он веселый, смешной, поет своим замечательным голосом «Цыпленок жареный», стучит пальцами по столу, как на барабане, а я ему подпеваю, потому что это наша с ним песня. В обратный путь мы пустимся только завтра, и в конце концов доедем на электричке до нашей станции Очаково. И опять пройдем через мост и послушаем, как он звенит под ногами. И окажемся — дома.

— Ты чувствуешь, какое это сладкое слово: «дом»? — спросит меня мама.

— Сладкое? — удивляюсь я. — Почему сладкое?

СОЕВЫЙ БАТОНЧИК

Очаково — это поселок, еще его называют рабочим, почему не знаю, но я считаю его знаменитым, потому что мама время от времени торжественно произносит «...времен очаковских и покоренья Крыма» и посмеивается. Я не спрашиваю ее ни про покоренье, ни про Крыма, а просто решаю, что мы живем в таком месте, которое все знают, а значит оно должно быть великим. Таким я его и считаю, а раз так, то опять — повезло!

Про наш мост я уже рассказала, и про универмаг тоже. Теперь — еще немножко про наш дом. Был он, так мне виделось, величав и высок, выкрашен в мутноватый желтый цвет, казавшийся мне солнечным и счастливым. Таких трехэтажных домов во всем поселке несколько. Конечно, он выделялся на фоне дощатых серо-бурых бараков, которые, в основном, составляли поселок, но вряд ли я могла оценить по-настоящему их бедность и убогость.

Бараки эти были «крышей над головой», а, как повторяла бабушка: что может быть важнее этой самой крыши? На их фоне наш «коридорный» дом выглядел хоромами и верхом удобства.

Еще одной достопримечательностью Очакова была привокзальная площадь, прямо перед железнодорожным мостом. Это был вытоптанный, утрамбованный толпой, кусок земли. Через него проходили все: те, кто уезжал в Москву и те, кто приезжал из Москвы.

Спустившись с моста и оказавшись на площади, можно было пересечь ее и отправиться домой, что многие и делали. А вот некоторым, особенно дядькам, которым не терпелось «сообразить на троих», то есть выпить водки, можно было сразу же повернуть налево и по хорошо пробитой тропе дойти до магазинчика «у Бориса». Впрочем, к этому хлипкому, обложенному пустой тарой строению вела не одна тропа. Как они там — соображали, не знаю, но после этого некоторые чуть ли не ползком добирались до дома, а другие пристраивались, кто на таре, кто прямо на земле, и так и валялись до тех пор, пока за ними не прибегали жены и не утаскивали их на себе. Жены, конечно, ругались и одновременно причитали, как будто плакали.

Борис, пузатый мужчина в грязноватом белом халате, с железными зубами и карандашом за ухом, продавал еще и «закусь»: хлеб, колбасу и соевые батончики. Говорили, что он знал всех, кто заходил к нему в магазин по именам, а если появлялся новенький, то знакомился с ним и вел себя как важный, но радушный хозяин. Я запомнила его только потому, что однажды, когда мы спускались с мамой с моста, то наткнулись на него: он курил поодаль от своего магазина и выпускал дым не только изо рта, но и носа, и, как мне показалось, даже из ушей. То есть, вокруг его круглой щекастой головы плавало и колебалось облако дыма, как у настоящего кудесника.

Я не могла отвести глаз от этого чуда и уставилась на него тем самым образом, который мама называла неприличным... Он расхохотался, блеснул своими железными зубами, полез в карман, что-то вынул из него и, вложив ЭТО мне в руку, приказал не разжимать кулак, пока мы не дойдем до дома. За те три минуты, пока я бежала к дому, а мама поспевала за мной, я столько всего передумала и перечувствовала: то мне казалось, что ЭТО — шевелится, что оно живое, то — нагревается, то — холодеет и странно шуршит... И когда, наконец, я открыла свою вспотевшую от нетерпения ладонь, то увидела слегка придавленный соевый батончик. Когда говорят, что конфета тает во рту, то я в первую очередь вспоминаю именно этот батончик. Мне ни разу не удалось уговорить родителей зайти к Борису и купить именно этих батончиков. А другие, магазинные, мне были не нужны! «Место — неправильное даже для взрослых, не то что для детей!» — говорила мама, когда я предлагала ей одной, или папе, или им вместе зайти туда и купить «ребенку» конфет. Но мама не сдавалась. И папа поддерживал ее.

По отношению ко мне они всегда были едины. Я не могла, не получив чего-нибудь от одного, побежать к другому и попытаться разжалобить его. В этом своем единстве они были непобедимы. Но именно их монолитность и создавала для меня особенное ощущение защищенности. А что еще нужно детям?

БЕЗДОМНЫЕ СОБАКИ

И тем не менее, на эту площадь мы довольно часто заглядывали, и не только когда куда-нибудь отправлялись на электричке. Туда, в центр очаковского мира, стекались бабки, которые торговали мелкими черными семечками. Именно — мелкими и черными. Мерой был граненый стакан, цена — пустяковая, меньше фруктового мороженого. Бери — не хочу! Именно такие семечки мама любила невыносимо! Они напоминали ей детство, ее родной город Прилуки. Она даже не могла дотерпеть до дома и начинала «пробовать» их по дороге.

Другие бабки продавали сахарных ярко-красных петушков на липких палочках. Я же — после соевых батончиков — больше всего обожала петушков на палочке. Выбирала петушка я сама и несла его сама, а потом отдавала маме, и она, прежде чем вернуть его мне (скажем, после ужина), обмывала горячей водой. Из своего сегодня я вижу себя очень послушной девочкой. И еще мне кажется, что такой я была долго, может даже — чересчур долго.

За бабками тоже было интересно наблюдать. Они не были похожи ни на мою бабушку, ни на других старушек, которых я знала. Руки у них были как терки, шершавые и темные, лица морщинистые, красноватые, как будто они целые дни стояли на ветру. И одевались они одинаково: в темные застиранные кофты и юбки, на головах — серые платки. По весне они приносили бледную редиску и худенькую морковку, осенью — яблоки, а ближе к зиме — вязаные носки. В общем, получался такой импровизированный базарчик, который время от времени разгоняла милиция. А за покупки они всегда ласково и долго благодарили, словно пели.

Иногда на эту площадь выбегала стая голодных собак, злых, грязных, худых. Они подбирали все, что оказывалось съедобным, рылись в помойке за магазином «у Бориса», рычали друг на друга и дрались... Я очень их боялась. И тут же вспоминала Дезьку и дедушку. Дедушка объяснил мне однажды, отчего происходит счастливая собачья жизнь. Оказывается, что каждой собаке необходим хозяин. Он ей не только любуется, но и постоянно заботится: кормит, гуляет, гладит, разговаривает. А этим вот — совсем не повезло!

От таких мыслей мне становится не по себе, и я начинаю их жалеть. Но все равно — панически, до дрожи боюсь, и ничего не могу с этим поделать. Даже если я отдам им моего петушка и мамины семечки, ничего не изменится. Впрочем, я не знаю, едят ли собаки семечки. Может и едят, если очень голодные. Конечно, неплохо бы принести им хлеба с колбасой. Но где взять столько хлеба и колбасы, чтобы всем хватило хоть по маленькому кусочку? И как я дам им эту еду: если брошу, то они все передерутся, может, и убьют друг друга. А подойти к ним я не смогу, потому что боюсь. И пока я ничего не могу придумать, люди на площади кричат на них, машут руками, швыряют палки, а некоторые даже и камни. Собаки скалятся, хрипло лают и куда-то бегут... Куда? Не знаю!

КАША С КОМКАМИ

Последнее время мне все чаще и чаще кажется, что я уже вполне взрослая. Хотя бы потому, что знаю, чего хочу и чего совсем не хочу.

На завтрак мама опять варит манную кашу, и в этой каше — комки. Разве я еще не выросла, чтобы уже не есть эту гадость, да еще и с комками? Я отодвигаю от себя тарелку и мне даже не надо притворятся, что меня вот-вот вырвет. Мама смотрит на меня неприятно и двигает тарелку в мою сторону. «Ешь! — говорит она. — Детям нужно есть, чтобы расти».

Я беру ложку, начинаю возить ею по каше, и вижу, как из нее выныривают комки, и горло у меня опять сжимается. Я не могу ее есть! Даже пол-ложки. И тогда я говорю: «Знаешь, мама, когда ты станешь старенькой, с белыми волосами и палочкой, я тоже буду варить тебе манную кашу с комками и заставлять ее есть! Посмотрим, как тебе это понравится!»

Я молчу, мама молчит, но смотрит на меня с удивлением. И, ничего не говоря, отодвигает от меня тарелку. Она так и стоит между нами. Мама молчит. И я молчу. Не знаю, как долго мы так сидели бы и молчали, если бы не стук в дверь. Мама встает и открывает ее, а за ней шум и веселые крики: «У Людки — котенок!» Я не просто встаю из-за стола, я вскакиваю и вылетаю, вернее — так: меня просто выметает из комнаты. И через секунду я уже ни о чем не помню: какая там каша с комками!

В коридоре полно детей, и они все — вокруг котеночка и нашей соседки Людки, которая держит его на руках. Подобрала на улице, на помойке, принесла домой и ей — представьте! — разрешили. Везет же некоторым! Он — маленький, серый, глазки с трудом смотрят, нос у него розовый, а язычок еще розовее. Просто прелесть! Все хотят его подержать, но Людка не дает. А вот погладить у нее на руках можно. И мы по очереди подходим и тихонечко его гладим, и он при этом как будто поет, то есть мурлычет. И сворачивается в серенький клубочек и засыпает. И так нежно кладет свою головку на Людкину руку, как будто она его мама.

И тут я вспоминаю о маме. Интересно, как она? Я открываю дверь и захожу в нашу комнату. Мама сидит на тахте и опять читает. Я подсаживаюсь к ней, прямо под бочок, что всегда и тепло, и удобно, и тут же начинаю — про котеночка, серенького, с розовым язычком. Про помойку не надо, помойки мама не любит. Рассказываю, как мы его гладили и как он мурлыкал. И тут меня прямо-таки осеняет: «Мама, а где эта манная каша, которую ты сварила?»

— А что? — мне кажется, мама даже пугается.

— Давай отдадим ее котенку, он ведь маленький, ему уж точно надо расти!

— Да нет, я ее выбросила, — как бы извиняется мама. — Неудачная каша получилась.

Это, конечно, удивительно, потому что мама сто раз говорила, что еду нельзя выбрасывать. Ну да ладно! Что тут поделаешь? В другой раз! И тут сердце мое прямо подскакивает от радости: теперь всегда есть кому отдавать эту манную кашу. Но все-таки хотелось бы, чтобы без комков.

ТЕТИН ЖЕНИХ

Этой весной происходит еще несколько важных событий.

Наконец приезжает моя тетя, и я узнаю, что она не будет жить с нами... То есть, совсем недолго поживет, но сразу после этого уедет, потому что она выходит замуж. Сядет на поезд вместе со своим мужем и уедет в Молдавию. Вот такие дела!

— Где эта Молдавия? Далеко?

— Да в общем-то не близко, — объясняет она. — Но представляешь, какое это удовольствие — ездить на поезде! Знаешь, как приятно сидеть и смотреть в окно. А уж спать в поезде — одно сплошное удовольствие, под стук колес. И еще — там, в Молдавии, очень много винограда. Такого, как ты еще никогда не пробовала, но уже любишь: желто-зеленого, прозрачного и сладкого. Как на твоей тарелке.

— А что еще там есть? — на всякий случай спрашиваю я.

— Грецкие орехи... — смеется она.

— Вот это да! — поражаюсь я — Всю жизнь, оказывается, смотрю на молдавскую тарелку и ничего об этом не знаю!

Впрочем, сейчас это не важно. Сегодня к нам придет тетин жених, чтобы попросить ее руки. Мама уже объяснила, что поскольку родителей у них нет, а она — старшая сестра, то жених должен прийти именно к ней, потому что только она может разрешить им пожениться. Тут, конечно, много вопросов, я бы, может, и не разрешила, но мама говорит, что это — большой праздник, когда все вместе садятся за стол и пируют!

Больше всего я жду этого жениха. Хочу посмотреть на него своим взглядом. Интересно, как он будет просить ее руки? Встанет на колено? Может, он даже принц? Но он оказывается гораздо лучше! Приносит мне в подарок куклу, самую большую из всех, что я видела. А невесте и маме — много цветов. И мне очень нравятся его светлые кудри и зелено-голубые глаза. Ростом он, пожалуй, с Марусю. И выглядит как богатырь. И говорит так: «Я, как увидел вашу Раю, так сразу ее полюбил! Всем сердцем!» После такого — и на колено не надо вставать. Взрослые пьют вино, у меня стакан — ура — с лимонадом, и мы все чокаемся и чокаемся, и желаем им счастья.

Когда будущий муж уезжает, а мы, как всегда, остаемся все вместе мама говорит: «Он — добрый! И веселый! И щедрый! Поздравляю тебя!»

— Мне он тоже очень понравился! — вставляю я.

— Вот и хорошо! — говорит мама. — Он завтра приедет, и вы вместе пойдете гулять. А через три дня поедем провожать их на вокзал.

СТАЛИН И СМЕРТЬ

Я уже лежу на своей раскладушке и почти сплю, и все время что-то слышу, потому что у папы голос громкий, даже когда он говорит тихо.

Я, конечно, не подслушиваю, но узнаю, что недавно умер какой-то Сталин. На Красную Площадь, туда, где был Парад Победы, пришло очень много людей. А на следующий день там валялись сумки, сумочки, портфели, шапки и другие разные вещи...Такое даже представить себе невозможно!

— Может, съездите туда? — вклиниваюсь я в разговор.

— Куда? — удивляется мама. Глаза у нее делаются круглыми, а брови поднимаются.

— На Красную Площадь! Может, там чего-нибудь еще и осталось? Набрали бы сумочек! — смело говорю я. А почему бы и нет!

— Потому что нет! Спи, пожалуйста! — теперь и папа, кажется, сердится.

Но я иду напролом: «Вы слишком громко говорите... Говорите и говорите! А кто там умер?»

Дело в том, что теперь я понимаю про смерть гораздо больше, чем раньше. Я даже видела однажды из окна нашей общей кухни, вместе с другими детьми, как на грузовике везли гроб, то есть ящик, весь красный, и в нем лежал неподвижный человек. Звучала надрывная музыка, которая и согнала нас, детей, на кухню. Мы, как могли, разместились на подоконнике, чтобы было повыше и чтобы все увидеть.

— Зря он умер! — вдруг говорит Толян.

Толян — рыжий, весь в веснушках, самый старший из нас и поэтому самый умный.

— А как же? — чуть ли не хором удивляемся мы все.

Он спрыгивает с подоконника.

— Надо сделать вот так!

Он сжимает кулаки, поднимает плечи вверх, я вижу, как он стягивает живот, собирает в морщины все лицо и даже поднимается на цыпочках. Он краснеет и даже дрожит.

— Смерть, как прибежала, так и убежит!

Да, конечно, он прав! У меня иногда такое, вдруг ни с того ни с сего, получалось, как-то так — само по себе. Может, не так сильно, не до дрожи. А оказывается, я отгоняла смерть. То есть, я сама это открыла, а Толян еще и хорошо показал, как это надо делать. Потому что и, вправду, кто же знает, где она там, эта смерть, шляется?

И теперь я говорю так же, как он:

— Зря он умер... этот ваш ... как его?

— Сталин.

Они чуть ли не хором произносят это странное имя.

— А что же надо было делать? — почему-то очень тихо спрашивает мама.

Я спрыгиваю с раскладушки, сжимаю кулаки, подтягиваю живот, морщу лицо, краснею, дрожу и изо всех сил показываю, как надо пугать Смерть.

Они вдвоем укладывают меня спать: разглаживают простынку, взбивают подушку, укрывают одеялом, и даже подтыкают его: мама — с одной стороны, папа — с другой. Как приятно, как тепло, и совершенно нечего бояться.

ОВРАГ С ЛАСТОЧКАМИ И ЖАВОРОНКАМИ

Было бы странно, если бы я не рассказала еще об одном замечательном месте, которое открылось нам только летом. Оно называется — овраг. К нему из нашего дома надо идти довольно долго: сначала по прямой улице, потом по тропинке за сараями, потом по узкой тропке, которая все время спускается вниз, и, наконец, приводит на самое дно оврага. Это уже интересно, потому что как будто опускаешься вглубь земли, а с двух сторон — стены, одна невысокая, та, откуда мы пришли, а другая гораздо выше, но все равно не как гора, а как холм. И та, которая как холм, вся поросла зеленой травой; ромашками с золотыми серединками; цикорием с грубоватыми, как будто наструганными, стеблями с нежными застенчивыми сиреневыми цветочками; львиным зевом, изображающим свирепые желтые пасти. И везде — дикий щавель. Его длинные листики — кисленькие и прохладные на вкус.

Подъем был прост, даже для бабушки, уж не говоря о родителях, а для меня — одно сплошное удовольствие: пробежишь немного вперед и остановишься, чтобы окинуть взглядом, сначала все, что впереди, потом — поворачиваешься и смотришь, что сзади, и только потом уже бежишь вперед. Мы все любим ходить туда, а иногда еще и приглашаем кого-нибудь, чтобы вместе с нами насладиться (мамино слово) природой!

И так мы идем и очень скоро добираемся до самого верха. Там, наверху, открываются ржаные поля, желтовато шуршащие под ветром. Небо — высокое, с черненькими точками птиц. Я очень надеюсь, что это жаворонки и ласточки, хотя точно сказать не могу. Я знаю, что жаворонки — ранние птицы, а мы всегда приходим утром.

Ласточки же начинают низко летать только перед дождем, а мы всегда приходим в хорошую погоду. И звучит так красиво: ласточки и жаворонки... Не то что — воробьи и вороны.

Наверху тропинка превращалась в дорогу, по которой можно идти босиком, такой она была теплой и мягкой, но все-таки надо смотреть под ноги: мало ли что, острый камешек или, еще хуже, стекло. От всех этих просторов — хотелось петь, и больше всего почему-то подходила песня про Стеньку Разина и княжну: громкая, с размахом. Может потому, что было где размахнуться, чтобы показать, как он бросает ее в набежавшую волну. Дома эту княжну было жалко до слез, а в овраге — возникало ощущение, что она обязательно выплывет, природа ей поможет.

В начале лета во ржи пробивались росточки васильков, а уже в июле можно было набрать синий легкий букетик, просвечивающийся на солнце. Он мог долго простоять в какой-нибудь стекляшке, часто в обычной банке, если, конечно, время от времени подрезать его подмокшие стебли ножницами. Васильки не любят других цветов и вянут быстрее, если добавлять к ним ромашки или львиный зев. Поэтому часто мы возвращаемся домой с двумя букетами: васильковым и ромашковым, в который для пышности и воздушности добавляются травки с прозрачными метелками.

До сих пор люблю собирать букеты, вернее так — букетики, потому что стало жалко срывать цветы и уносить их с родного поля. Но осенью, когда начинают дуть прохладные ветры, которые вот-вот превратятся в холодные, возникает странная мысль — продлить их жизнь в теплом доме... К этому времени — на наших полях, совсем недалеко от нынешнего дома — больше всего мелкого короткого львиного зева. Он уже выгорел на солнце и его дикие приоткрытые пасти состарились и поблекли. Но в соединении с двумя-тремя травинками он молодеет, пахнет летом, а для меня — еще и тем оврагом, в котором я впервые увидела его.

Со временем в нашем овраге вырыли огромную яму, которую заполнили водой. Одни называли ее запрудой, другие — озером. Купаться там было не очень приятно: вода была грязноватой, берег — скользким, но зимой можно было кататься на коньках, а по овражным холмам на лыжах и санках. К этому времени мы уже переехали в нашу однокомнатную квартиру на Озерной улице, в честь нашей запруды-озера, так что до оврага было рукой подать.

Совсем недавно я вдруг поняла, что «водные» улицы сопутствовали мне всю жизнь. Началось, конечно, с бабушкиного пруда, который поначалу казался мне таким большим, что легко сходил за озеро. Улица, кажется, называлась Черкизовской, но ведь она была рядом с водой. Потом — в Очаково — Озерная улица с запрудой, много лет подряд. В Чертаново, это уже начало моей семейной жизни, в окно был виден небольшой овраг, на дне которого был пруд, вернее, роскошная зеленая лужа, с громким кваканьем, стрекозами и комарами. А уж в Америке, в нашем великолепном Массачусетсе, озера — со всех сторон. Самое первое, как и положено, открылось на продолжении нашей Великой дороги (так она называется). К нему я добиралась пешком минут за пятнадцать через лес. В те — уже далекие — времена кроме меня, парочки рыболовов и нескольких собак, которых прогуливали хозяева, туда никто особенно не заглядывал. Я чувствовала себя полноправной хозяйкой черничных зарослей, сосен с розовыми стволами и серых каменных глыб, на которых можно было сидеть, лежать, любоваться островом посреди озера и спрыгивать в воду. Да и сейчас — после нескольких переездов — я живу совсем не далеко от него. Но, чтобы не нарушилось общее «водное» правило, на этот раз, мне выдали извилистую, неглубокую речку, которая начинается у въезда в наш «поселочек», *состоящий из десятка домов. Речка, красиво изогнувшись, уходит* в лес, на краю которого мы и живем. Летом она потихоньку зарастает белыми лилиями и желтыми кувшинками, а зимой, когда холодно, замерзает и превращается в каток.

Счастливые случайности? Или — все-таки — счастливая закономерность?

ДВОР ЕЛЕНЫ ПРЕКРАСНОЙ

Мы переехали в отдельную квартиру, которую папа получил от своей работы: построили новый дом, и вот, пожалуйста — переезжайте! Я не особенно возражала, хотя и возражала: мне было обидно расставаться с друзьями. Но мама объяснила, что друзья остаются рядом, просто рукой подать, то есть, дойти пешком (совсем не то, что Ленька!). Это — во-первых. А во-вторых, у нас будут настоящие хоромы: наша, и только наша, кухня и комната — 20 метров!

Представить 20 метров я никак не могла, поэтому вообразила такой большой мраморный зал, еще и с колоннами. Каково же было мое разочарование, когда комната оказалось совершенно обычной, может и вправду побольше, но все равно — комната как комната. «Какое прекрасное огромное окно!» — восхищалась мама. Подумаешь, до этого у нас тоже было окно! «И посмотри, какой линолеум, его так легко мыть!» И она регулярно мыла его с необъяснимой страстью.

Усовершенствования начались почти сразу. В ванной какие-то строители, которых нашла мама, их еще все называли «мужиками», построили шкаф. Он предназначался для полотенец и прочего белья, но на самой верхней полке, самой высокой, без стула не дотянешься, хранились старые журналы. Помню только «Иностранную литературу», которую я пыталась читать и во втором, и в третьем, а потом, уже — в шестом классе, к этому времени лучше понимая, про что я читаю. В основном же я воспитывалась на разных сказках: русских, французских, немецких... И еще на Диккенсе, который заставлял меня время от времени плакать над несчастной судьбой Оливера Твиста и Дэвида Копперфилда. Я жаждала счастливых концов, как в сказках, и в этом смысле Диккенс всегда шел мне навстречу.

Наш новый дом был, конечно же, кирпичным, построенным вытянутой буквой «П», и внутри этой буквы «П» был большой двор. Первое знакомство произошло чуть ли не на следующий день после переезда. Я вышла из нашего подъезда и увидела женщину с коляской, которая ходила туда-сюда, и девочку, которая почти что на животе лежала на асфальте и что-то рисовала мелом. Увидев меня, девочка вскочила, отряхнула коленки, быстренько, чтоб не заметила мама, вытерла руку о платье, подошла ко мне и громко представилась: «Я — Елена! А ты кто?»

Начнем с того, что Еленой ее называла только мама, и то, когда была ей не очень довольна, но «Елена» была торжественнее обычной «Лены» и простоватой «Ленки», и она хорошо это чувствовала. Была она на год моложе меня, но выше, шире, крупнее, смелее и упорнее. И все время что-то предлагала: поиграть в классики, попрыгать на счет через скакалку, побежать за дом, сделать «секреты»...

Секреты делаются так. Сначала надо вырыть не очень глубокую ямку. Мы пользовались для этого палками, которые везде валялись, а потом уплотняли ее руками, чтобы появилось ровное дно. Дальше начиналось самое интересное: присев на корточках, мы заполняли ямку заранее приготовленными конфетными обертками, красивыми камушками, цветочками, пуговицами... Самое трудное было найти плоские стеклышки, а не бутылочные осколки, которые валялись то там то сям. И, когда Ленка начинала громко петь, крутиться юлой, топать ногами, то есть танцевать, то я понимала: вот, наконец-то, повезло! Никто не говорил, что можно владеть только одним секретом! Хоть — сто, если есть из чего их сделать. Поэтому мы всегда что-нибудь собирали: фантики, золотые и серебряные бумажки, обрывки цветной бумаги. Без спроса брали яркие пуговички у Ленкиной бабушки, но так, чтобы она не заметила, потому что она все время что-то шила. Подходили и железные перышки, которыми мы писали, потому что они блестели; годились и птичьи перья, если повезет их найти.

Дальше — раскладываешь свои драгоценности на дне ямки, и не просто раскладываешь, а так, чтобы получилось красиво, и прикрываешь сверху стеклышком, отчего все выглядит еще загадочнее. Когда наши «секреты» были готовы, мы показывали их друг другу. Ленка всегда говорила, что мой — лучше, а я, конечно, считала, что лучше у нее. А потом их надо было закидать землей, чтобы никто не нашел, но запомнить место, чтобы в любой момент самим прийти и полюбоваться.

Совершенно очевидно, что руки наши после такого копания в земле были черными, особенно под ногтями. Если рядом были лужи, то мы мыли их в лужах и вытирали о платья, изнутри, чтобы не было видно грязи, но, если луж не было, то приходилось идти ко мне или к Ленке, проситься в туалет, потом перебираться в ванную, и мыть там руки долго, по-настоящему, с мылом. Главное — не оставить темных пятен на полотенце.

РАЗБОЙНИЦА

У Ленки была большая семья: мама, папа, бабушка, дедушка, сама Ленка, ее новая сестричка, и еще какая-то Фаня, родственница, у которой кроме них больше никого не было. Фаня — длинная и худая, с длинным, худым, бледным лицом и черными как ртуть глазами, оказалась сумасшедшей, и пока Ленка не объяснила мне, что она хоть и сумасшедшая, но хорошая, я ее побаивалась.

Обычно Фаня открывала мне дверь, когда я приходила к ним, и долго меня рассматривала, пока в конце концов как-то не узнавала, и только потом, молча отодвинувшись, пропускала. Я стучала в их входную дверь то кулаком, то ногой, а то и кулаком и ногой вместе, потому что не могла дотянуться до звонка. То же самое делала Ленка, когда приходила к нам. Но когда мы были с ней вдвоем, то она меня подсаживала, то есть хватала и изо всех сил и поднимала вверх, а я — звонила. Дальше, важно было быстро выпрыгнуть из ее рук, которые она разжимала на счет «один», и не упасть, коленки все-таки было жалко. И еще, чтобы не создать шум, потому что нам было запрещено поднимать друг друга. «Вы же надорветесь!» — сердилась Ленкина бабушка, и поэтому, когда открывалась дверь, то мы невинно рассказывали, что проходила какая-то добрая тетенька (или дяденька), и мы попросили ее (его) позвонить!

Иногда я попадаю в неподходящий момент, когда Фаня моет Ленке голову, и она так вопит, что слышно на лестничной клетке. Я ведь тоже все еще кричу, когда мне моют голову, но все-таки тише, а Ленка — прямо-таки орет как резаная. Но она оправдывается: Фаня делает воду то слишком горячей, то слишком холодной, и поэтому ей приходится защищаться. А если она будет кричать тише, то Фаня, может, ее и не услышит!

Но, если подумать, кто может любить, когда ему моют голову?

Однажды перед Новым годом Ленка принесла мне в подарок большую накрахмаленную, снежинку, всю засыпанную кристаллами, солеными на вкус. Я давно заглядывалась на нее и говорила, что ничего великолепнее в жизни не видела. «Бери! — сказала она и тут же предупредила. — Буду приходить, смотреть!» Я ее понимала: трудно расставаться с такой красотой! Не знаю, мелькнула ли у меня мысль отказаться от такого подарка. Если и мелькнула, то тут же исчезла. Но щедрость, благородство, широту я почувствовала, и глаза мои стали застилаться слезами. «Только не нюнься!» — предупредила меня Ленка. Она всегда напоминала мне андерсеновскую маленькую разбойницу, которая не давала Герде плакать и носила в кармане нож. Он всегда был наготове: на всякий случай!

Впрочем, Ленка и была такой разбойницей, то есть, ничего-никого не боялась. Дралась с мальчишками, если считала, что нарушается справедливость. Делала, что хотела: как-то вышла во двор в рваных капроновых чулках, которые стащила у мамы, и шикарно фасонила перед всеми. Все завидовали! Объяснила мне однажды, что тройку легче всего переправить на пятерку, а единицу — на четверку, но единиц нам не ставили. Когда ее обозвали «еврейкой», это уже было позже, она тут же сообщила, что Карл Маркс тоже был евреем и придумал мировую революцию.

— И она тоже еврейка! — закричала она, показывая на меня. Я не особенно знала, о чем идет речь, но поняла, что ЭТО хорошо, раз сам Карл Маркс был ЭТИМ, и горячо поддержала ее.

— Ты очень инфантильная! — заявила мне Ленка, когда она училась классе в пятом. — Даже не знаешь, что кошек кастрируют!

Я, действительно, очень плохо понимала слово «кастрируют», но что-то смутно подозревала, и спрашивать не стала, чтобы не напороться на подробное и громкое объяснение на весь двор.

Юность прибавила ей еще больше смелости: окончив физический факультет одного из московских технических вузов, она не согласилась с распределением и дошла до ректора. Сначала она говорила что-то про справедливость, напоминала про честно выстраданные «отлично» и «хорошо», *про свое желание — открывать новое и приносить пользу... Но, видя, что ректор лишь уныло кивает, она пошла ва-банк и спросила, не хотел ли бы он* поработать вместе с ней там, куда ее направляют. Не знаю, что он почувствовал, этот ректор, но пообещал, что поможет. И, если я правильно помню, помог.

Во время перестройки, когда научные институты закрывались один за другим, она, чтобы выжить, устроила строительный бизнес. Ее называли Еленой Борисовной и очень уважали, потому что она обеспечила работой не только себя, но и других. Я приехала в Москву из Бостона в первый раз спустя семь лет, как только нас, эмигрантов, перестали считать предателями и изменниками. И, конечно же, мы встретились. Времени и у меня, и у нее было в обрез, поэтому она пыталась «коротко, но внятно», *пока мы ехали в такси к ней домой, рассказать о самом главном. Мама умерла два года назад, такая беда, такое горе;* бабушка, к счастью, жива, но все время лежит, и она за ней ухаживает. Папа постарел и все время тоскует, но может еще приглядеть за ее трехлетним сыном, которого она родила от любимого мужчины. Они уже давно переехали почти что в центр Москвы: сама понимаешь, сколько времени экономится.

Дома она усадила меня за стол в самой большой комнате, так, чтобы я могла одновременно видеть бабушку (мастерски, одним движением отодвинув ширму, за которой она лежала) и папу, он играл с Сашкой в солдатики. А сама стала накрывать на стол. Между прочим, она обожает готовить, вряд ли я помню об этом, и последнее время очень увлеклась мировыми рецептами салатов и закусок... Вот, например, сегодня мы будем есть австралийский салат из морской капусты. Она бегает из кухни в комнату и из комнаты в кухню под беспрерывные телефонные звонки. И, как всегда, командует! В общем, она не особенно изменилась.

ВАНЯ-ВАНЕЧКА

Но давайте снова вернемся в наш двор. Он был шумным. Да и веселым тоже. И беспощадным, как все шумные и веселые дворы. Детей моего возраста было много, моложе — еще больше. Мы осваивали «салочки» и «лапту», гонялись друг за другом, бегали наперегонки, падали, раздирали коленки, задирались, дрались, секретничали, пели

«Катюшу», договаривались не играть с Валькой, потому что она задавака, презирали малышню... Кому-кому, но тем, кто был на пару лет моложе нас, да еще и гулял сам по себе без всякого присмотра, приходилось туго.

Таким — без братьев, сестер, няньки — был Ваня-Ванечка, с прозрачными голубыми глазами на прозрачном лице. Прозвище у него было «Рахит» — из-за слабых кривых ног и тонких жалких ручек. Ему трудно было поспевать за нашим водоворотом, в который его тянуло как магнитом. Его сбивали, он падал, плакал, полз к скамейкам у подъездов, и, пока он пробирался к ним, всем мешал, и ему, хохоча и от души веселясь, кричали: «Прочь с дороги, куриные ноги!» Чья-нибудь мама, или нянька вроде моей Маруси, не выдерживала, бросалась ему на помощь, орала на нас, отчего делалось только веселее. В конце концов Ванечку как-то выдергивали из нашей толпы, сажали на скамейку, вытирали грязное лицо и руки, хорошо еще — кровь откуда-нибудь не полилась, и ругали его алкоголиков-родителей.

Ленка жалела его, приносила из дома хлеб, посыпанный сахаром, а мне поручала отвести его домой: мы жили с ним в одном подъезде, он — на третьем, я — на четвертом этаже. Так мы с ним и соединились, хотя я не считала, что могу дружить с такой малявкой, тем более — рахитом. Иногда он забегал за мной, чтобы пойти гулять, и я неохотно тащилась за ним, пока однажды у меня за спиной не возникла мама: зазвала его к нам, помыла ему руки, посадила за стол, и, как мне, дала хлеба с маслом и супа. С тех пор он довольно часто заходил к нам.

Странно, но я совсем не помню его родителей, хотя и сталкивалась с ними. И про алкоголизм мало что понимала, хотя сто тысяч раз видела пьяных.

Везде: и у моста, и у Борисова магазина, и просто на улице, и на обочине дороги... Мне их надо было — обходить, и чем быстрее, тем лучше, а папа, время от времени, их спасал, особенно зимой: затаскивал в подъезд или в барак, в зависимости от того, где они валялись. Я ему иногда помогала, когда, конечно, была с ним. Он меня просил попридержать дверь, пока он затащит пьяного вовнутрь. В обычный подъезд — еще ничего, но все равно дом чужой и люди могли подумать, что это наш пьяный, а мы его — бросаем, хотя это было не так. А из бараков шел тяжелый, густой, страшный запах, казалось — вдохнешь и тут же упадешь замертво, никакая живая вода не поможет!

Ленка пыталась объяснить мне разницу между пьяницами и алкоголиками, но выходило не очень ясно. И те и другие пили, и те и другие валялись, и ничего не могли делать — ни книжки читать, ни на работу ходить, но пьяницы все-таки иногда могли вылечиться, а алкоголики уже, вроде бы, не могли. Так вот, Ванечкиных родителей — не вылечишь, и общественность (что это такое — никак не получалось представить) решает, что с ним делать: то ли отдать в интернат, то ли — в детский дом. Мы с Ленкой могли вообразить себе все, что угодно, но только не жизнь без родителей.

ЕЩЕ — О ВАНЕЧКЕ

Ванечка был тихий, заторможенный и вялый, мне каждый раз казалось, что он спит с открытыми глазами, но когда я начинала рассказывать ему про школу, он — просыпался, просил показать ему мой круглый деревянный резной пенал, вынимал из него ручку с острым перышком и водил по нему пальцем, как будто не верил в его существование. Непроливайки с чернилами панически боялся, карандаш держал криво, но крепко, и выписывал каракули в тетрадке, которую я ему отдала насовсем, а потом стирал их резинкой-ластиком, сдувал ошметки и выглядел вполне счастливым. Он подрос, чуть порозовел, но был по-прежнему какой-то не такой.

Мы с Ленкой рассказывали ему, как ходили в театр, на оперу со странным названием «Хованщина», про которую Ленка поняла одно, а я — совсем другое, потом — на балет с лебедями. Он слушал, но, кажется, не особенно верил. Всегда трудно поверить в такое, чего нельзя представить. Поэтому на замерзшей луже мы продемонстрировали, как катались на коньках в Парке культуры имени Горького — и нас даже записали в группу фигурного катания. И чтобы окончательно убедить его, что мы ничего не выдумываем, и, тем более, не врем, я показала ему свои новенькие коньки. И позвала его за дом, где была небольшая горка, с которой я пыталась съехать, падая и вставая, а он прополз эту горку на попе или на животе... Мы вывалялись в снегу и долго отряхивались, стучали друг по другу, как будто выбивали снег, и почему-то это было очень смешно.

Ничего удивительного, что он, часто предоставленный самому себе, однажды добрел до запруды, тем более что с нашей Озерной улицы до нее было рукой подать. Как он оказался на льду — не знаю. Скользил ли он по нему или лед сразу проломился под ним — не знаю. Звал ли он на помощь или молча барахтался в ледяной воде — не знаю. И почему ему никто не помог — тоже не знаю. Знать не знаю, но с легкостью могу представить. И поэтому от ужаса не сплю, плачу в подушку, от страха у меня сохнет во рту и холодеют руки и ноги.

Настает день, когда в наш двор приезжает грузовик, прямо к нашему подъезду, и на него выносят обтянутый красным ящик, который со всех сторон заваливают еловыми ветками. Рядом с грузовиком стоят обросшие щетиной дядьки с трубами, и, когда они начинают играть, весь двор заполняется воем и слезами, и мама уводит меня домой. Я закрываю уши руками, чтобы ничего не слышать, но все равно слышу, и закрываю глаза, чтобы ничего не видеть, но все равно вижу.

Возможно, именно тогда я окончательно поняла, что дети — умирают, и вообще все, кто живут — умирают. Толян надул нас, показывая, как надо напрягать руки и ноги и морщить лицо, чтобы победить смерть. Мне боязно жить. Я с опаской выхожу во двор. Не хочу переходить через дорогу. Тем более, кататься на лыжах. Цепляюсь за маму, прошу ее, чтобы она отвела меня в школу, а потом забрала: пожалуйста, ну что тут идти — десять минут! Но лучше всего в нее, в эту самую школу, хоть на денечек — не пойти. По утрам, как могу, тяну время: мучаюсь с формой, не могу найти нарукавники, стараюсь забыть портфель, но все равно оказываюсь в школе вовремя, даже если не доедаю завтрак...

И так — длится долго.

Скорее всего, до тех пор, пока я не влюбляюсь. Но это произойдет еще очень не скоро.

ШКОЛА

Очаковская средняя школа, пятиэтажное (если не ошибаюсь) здание, широко и, как говорится, гостеприимно распахнула передо мной свои двери первого сентября пятьдесят пятого года. Она была новенькой, совсем недавно построенной.

В ней было все: огромный вестибюль с беломраморной головой Ленина на высоком пьедестале; вешалки для «польт», так говорила наша гардеробщица тетя Поля, улыбчивая и добрая старушка; блестящий от мытья пол и лакированные лавки, на которых мы переодевали обувь, складывая уличную в мешки и надевая «школьную». (У кого-то тапочки, у меня — ботинки. Их надо было долго шнуровать, а в самом конце завязывать бантик. С бантиком всегда были проблемы, потому что довольно быстро он развязывался. Шнурки тогда провисали как вареные макаронины и волочились по полу. «Упадешь!» — предупреждали меня. И я падала.)

Классы были просторными, с большими окнами и зелененькими партами, чтобы не уставали глаза. На подоконниках в горшках росли фикусы, и мы их по очереди поливали и протирали от пыли. Агатово блестела доска, и дежурные перед каждым уроком проверяли наличие мела и влажность тряпки-стиралки.

На самом последнем этаже размещался актовой зал, похожий на бескрайнее поле. При желании в него можно было впихнуть всех школьников вместе с учителями, что и происходило по большим праздникам, на ноябрьские и майские. По очереди, класс за классом гулко топал по лестницам вверх. Это занимало уйму времени, поэтому уроки (наверное, не все) отменялись, что само по себе создавало праздничное настроение. Неописуемым было количество стульев. Даже не понятно, кто их расставлял или убирал, и куда, потому что разные кружки: балетный, театральный, бальных танцев — еженедельно занимались именно в актовом зале.

А в подвале — спортивный зал, тоже огромный, и, как в театре, в нем все время меняются декорации. То он заполняется матами, и мы кувыркаемся через голову, то — «козлами»: разбегаешься, прыгаешь, застреваешь, сползаешь, а иногда, вдруг, и перелетаешь, и тогда улыбка не сходит с лица до следующего прыжка. То появляются брусья, что еще неприятнее, а может, и опаснее, и тонкое бревно, по которому надо пройти и не упасть, то с потолка спускается канат и по нему надо вскарабкаться наверх. Такое — не просто трудно, а почти невозможно. Правда, из нас всех — два или три мальчика могли как-то вцепиться в канат руками, обхватить его ногами, и под наши восторженные крики подтянуть себя чуть ли не до потолка. Конечно, они считались героями... Эстафеты, кроссы, волейбольные и баскетбольные игры, подготовка к зимним видам спорта, секции и соревнования... Чего только не повидали стены нашего спортивного зала!

Еще одно важное место, на первом этаже — столовая, в которой нас кормили «завтраками». Я любила вдыхать ее запахи, мне они казались божественными, а жирный жареный пирожок с повидлом — верхом блаженства. Некоторые получали бесплатные «завтраки», мне же мама давала пять копеек на пирожок и сколько-то еще на стакан молока. Главное — не потерять эти деньги, это было куда важнее, чем шнурки. Я засовывала их в карман формы и время от времени проверяла, бренчат они или нет, и этим бреньканьем настораживала нашу новую учительницу Галину Васильевну, которая не понимала, что происходит.

В первом и во втором классе у нас была добрая учительница, и звали ее, конечно же, Марья Ивановна. Старенькая, седенькая, очень ласковая, она старалась обнять сразу всех, подбирая под свои руки, как наседка под крылья — цыплят. Мне нравился ее голос, словно колокольчик, так я решила для себя, и поэтому все, что она рассказывала, было очень приятно слушать. Когда она учила нас арифметике, то пользовалась цветными мелками, и цифры прямо оживали. Иногда она рисовала на доске: волшебные деревья и дома, яблоки, цветы, корзинки, и у нее это здорово получалось. Она была — нашей — в первом и во втором классе, а потом ушла на пенсию. Мы, провожая ее, все плакали, а не только девочки.

Вот тут-то и пришла Галина Васильевна. Молодая, высокая, с красными щеками, странным голосом, как будто железкой резали по стеклу, и сердце сразу же леденело. У нее была такая мелкая завивка, ее называли «химическая», то есть, не настоящая. И еще, она всегда красила ногти ярко-красным, прямо-таки кровавым цветом, что выглядело пугающе. Она ходила, и даже сидела за учительским столом, как-то очень высоко и прямо, поэтому казалось, что она смотрит куда-то далеко-далеко, а не на нас, как мы привыкли. К ней приклеилось: «очень строгая». В общем, у меня были все основания бояться ее.

КРУГЛЫЙ ПЕНАЛ

Мой круглый пенал, тот самый, который так нравился Ванечке, во время урока должен был лежать в портфеле, а ручка — на парте, в углублении рядом с чернильницей. С ручкой все было в порядке, она себе спокойненько лежала, где надо. А вот засунуть пенал в портфель — то ли я забыла, то ли не захотела, и, для красоты, расположила его, как мне показалось, вполне устойчиво, на парте. Но через некоторое время он все-таки упал, упал, как будто выстрелил... И покатился по полу в соседний ряд, прямиком к Вовке Кривцову. И Вовка, ни минуты не раздумывая, развернулся и пнул его ногой.

— Встать! — выкрикнула Галина Васильевна.

Вовка встал, грохнув крышкой парты.

Я тоже встала. Галина Васильевна на секунду задержала на мне взгляд и махнула рукой: мол, ты — сядь, не мешайся!

— Подними пенал! — приказала она Вовке.

Вовка вылез из-за парты, сделал два шага в мою сторону, поднял пенал и уже собрался отдать его мне, как Галина Васильевна страшно закричала:

— НЕТ! НЕТ! Вернись к своей парте вместе с пеналом!

Вовка, ничего не понимая, подошел к своей парте.

— Хорошо! — сказала Галина Васильевна. — А теперь положи пенал на пол, стань на колени и НОСОМ кати его обратно. И она опять махнула рукой в мою сторону.

Вовка встал на колени, вытянул шею, выставил нос, но у него ничего не получилось. Тогда он лег на живот, дотянулся носом до пенала и попробовал продвинуть его вперед. У него опять ничего не получилось.

— Вот видишь! — отрезала Галина Васильевна. — Ногой гораздо легче! Отдай — ей — пенал и сядь на место.

Вовка был весь красный: руки, шея, лицо, глаза... Он приблизился к моей парте, и от него полыхнуло огнем. Может, он и заплакал бы, но тут прозвенел звонок.

Галина Васильевна опять махнула — всем — рукой, мол, идите на перемену, как я от вас устала! Я встала и вдруг почувствовала, как из меня течет, течет и течет, вот намокли штаны, вот уже и чулки стали мокрыми, и подо мной лужа, и когда наконец я выбираюсь из-за парты, за мной остаются влажные следы на полу. Я бегу в уборную и не знаю, что с собой делать! Мне мокро, противно, стыдно. Я не знаю, что будет дальше. Может быть, Галина Васильевна расскажет всем, что со мной приключилось. Я не могу вернуться в класс. Но не могу и не вернуться!

Звенит звонок. Я волочу ноги, тащусь последней, и, когда прохожу мимо Вовки, на которого не смотрю, то слышу, как он шипит мне вдогонку: «Я убью тебя!»

И я понимаю: он — прав! Если бы у меня не упал пенал, то ничего бы не было.

Я сажусь за парту и думаю только об одном: что со мной будет, если Галина Васильевна увидит мой позор. Но почему-то она ничего не замечает. Последний урок тянется и тянется. Моя соседка странно елозит и подозрительно смотрит на меня. Но молчит. Молчу и я. И когда я возвращаюсь домой, то ничего не рассказываю маме. И так и хожу до вечера, мучаясь, а потом ложусь спать и думаю только об одном, что теперь Вовка точно убьет меня.

Но он, почему-то, забывает обо мне. Может, в конце концов, он понимает, что я не специально уронила пенал, а то, что он круглый, уж совсем не моя вина. Кроме всего прочего, у него теперь новые ботинки, которые блестят и пахнут ваксой. Достались они ему, как всегда, от старшего брата, у того вдруг сильно выросли ноги, поэтому ботинки почти что новенькие. Время от времени, когда Вовка стоит, он сгибает одну ногу в колене, закидывает ее за другую, и трет ботинок о брючину, чтоб больше блестел. Он страшно гордится ими, и, наверное, поэтому делается добрым и веселым. И вот так, улыбаясь, он подходит ко мне и спрашивает, мол, где этот твой круглый деревянный пенал?

— Дома! — клянусь я ему. — Я его оставила дома.

У меня теперь самый обычный пенал — прямоугольный, и я его никогда не забываю засунуть в портфель. Даже, если он упадет, то он никогда никуда не покатится.

— Ну и черт с тобой! — прощает он меня.

Но перемены — не только с ним, но и с Галиной Васильевной. По-моему, она как бы добреет и даже хорошеет. Все равно я считаю ее некрасивой и злой, по-прежнему боюсь, но когда слышу ее объявление перед всем классом: «Дети, я выхожу замуж!», то понимаю, что с ней произошло: она — влюбилась! Конечно, когда люди влюбляются, они меняются. Тут уж я точно могу судить по себе!

ЛЮБОВЬ, ЛЮБОВЬ

Удар портфелем пришелся на спину... Вернее, на правую лопатку и правую руку, и от неожиданности я роняю портфель. И развернувшись, еще не знаю, что буду делать: то ли плакать, то ли махать левой рукой с мешком и ботинками, чтобы дать сдачу. «Неужели Кривцов? Все-таки решил убить меня?! А я -то думала...»

Но передо мной — вовсе не Кривцов, а Миша Крылов, тихий наш Крылов. Он не родственник Крылова, который написал про ворону и лисицу, а просто Крылов, сам по себе.

— Ты чего? — обиженно говорю я. — С ума сошел?

Потому что он действительно тихий, мухи не обидит, и еще при этом хорошо учится.

— Чего молчишь? — злюсь я. — Вот сейчас пойду и все расскажу...

Кому? Галине Васильевне? Это я так одергиваю себя. Вот уж никогда в жизни!

Почему-то он не начинает обзывать меня ябедой или дурой, а поворачивается и как ни в чем не бывало уходит, как будто он меня и не стукнул по спине своим портфелем, и вообще не имеет ко мне никакого отношения. Я смотрю, как независимо он удаляется, будто я пень-колода. Его молчание кажется мне странным и даже загадочным, и в конце концов я решаю, что он ошибся. Должно быть, хотел стукнуть кого-нибудь другого, а тут я случайно подвернулась.

— Дурак! — на всякий случай кричу я ему вдогонку.

То ли он меня уже не слышит, то ли делает вид, что не слышит, но ни ответа ни привета... По-другому не скажешь!

На следующий день мы не замечаем друг друга, а еще через неделю я забываю про этого Крылова, до которого мне нет никакого дела. Но тут он появляется снова, опять после школы, выныривает из-за наших школьных железных ворот, на которых нам запрещено кататься, дергает меня, не так, чтобы очень больно, но чувствительно, за мою, уже почти настоящую, косу и, опять не оборачиваясь, уходит. Мне ничего не остается как смотреть ему вслед.

В общем, вид этой удаляющейся спины и заставил меня задуматься. Во-первых, я все время ожидаю очередной атаки, а во-вторых, пытаюсь получше разглядеть его: черный чубчик, выгоревшие волосы на затылке, короткий нос и большое ухо, отглаженные брюкиа со стрелками. Никак не могу решить, красивый он или не очень. Но все говорят, что умный. Иногда в столовке он садится рядом со мной, поэтому я слышу, как он жует. Ничего особенного, как все. Иногда на физкультуре, когда мы бегаем кругами по спортивному залу — наша обычная разминка, я чувствую, что он бежит за мной и громко дышит. Мне даже кажется, что я могу узнать его по запаху, а иногда, на переменке, в толпе, по голосу.

Собственно говоря, я уже привыкла к тому, что время от времени он проявляется, и, как бы напоминая о себе, нападает на меня, иногда — смешно, ну, дернет за фартук, иногда — вполне чувствительно: подставит ножку или стукнет, а потом опять исчезает, как будто ничего не происходит. Но я невольно чувствую, что между нами как будто натягивается струна. Я вижу его, даже когда не вижу, а иногда чувствую спиной его взгляд.

И от того, что в какой-то день по рассеянности я сначала теряю точилку для карандашей, потом забываю записать домашнее задание, а вернувшись домой ничего не могу делать, даже пойти гулять, а хочу думать только о нем, я понимаю, что влюбилась. В ямке под сердцем у меня становится жарко. Оно, мое сердце, растет и растет. И мне хочется обнять весь мир.

Интересно, но мне кажется, что с Ленькой мое сердце никуда не росло.

УСТАВ ЮНОГО ПИОНЕРА

В конце третьего класса, если мне не изменяет память, нас всех принимают в пионеры! К этому дню мы долго и торжественно готовимся. Во-первых, читаем «Устав юного пионера», каким он должен быть. Читаем несколько раз, внимательно, со всей душой, сначала про себя, а потом с Галиной Васильевной вслух, хором... Она своим, от любви помягчевшим голосом, а мы за ней громко, отчетливо, слово в слово, и, если сбиваемся, то начинаем все сначала. Галина Васильевна объясняет нам, что принимать в пионеры нас будут на Красной Площади, и галстуки нам повяжут те, кто уже несколько лет является отличным членом нашей пионерской организации. Там — мы дадим клятву, прямо перед Мавзолеем, и так вступим в НОВУЮ ЖИЗНЬ.

Остается до этого события всего несколько дней. Накануне мы должны отгладить школьную форму...

— Записали? — на всякий случай переспрашивает она нас. — Приготовить белый праздничный фартук... Это — девочкам, Кривцов, соображать надо!!! Мальчикам — начистить пряжки на ремнях, чтоб блестели! Чем? Уже три раза повторяла! Зубным порошком!

— На сегодняшний день, — возвышенно продолжает Галина Васильевна, — это самое важное событие в вашей жизни, поэтому относиться к нему надо серьезно! Да, что же еще? Чистая обувь, конечно, чистый воротничок, чистая шея, уши, ногти!.. А сейчас, дети, — тут Галина Васильевна переходит почти что на таинственный шепот, — у меня для вас сюрприз! Пришло время завести вам свой собственный личный дневник. И первую запись вы сделаете вечером, накануне приема в пионеры: что вы чувствуете, что вы вспоминаете, какие такие мысли приходят вам в голову... А потом вы можете писать в него хоть каждый день. В конце года вы сдадите мне ваши дневники, я выберу самое интересное, и мы это интересное все вместе почитаем вслух!»

Она лезет под стол и достает клеенчатые черные тетради, не то что наши тоненькие для домашних заданий, а толстые — явно надолго. «Дежурные, приступайте!» — командует Галина Васильевна. Дежурные подбегают к ее столу, и, загрузившись драгоценным дневниковым грузом, обегают класс — раз, два, три — и вот уже в портфелях лежат наши новые друзья, которым мы будем поверять наши чувства и мысли.

Вечером, перед сном, накануне торжественного праздника, когда уже все отглажено и начищено и мой пионерский галстук, готовый к новой жизни, лежит в целлофановом пакетике в портфеле, и я уже вовсю налюбовалась им, я достаю мою новую тетрадь, открываю ее, и начинаю думать, что же мне с ней делать. Во-первых, надо написать, что это — мой дневник, а то будет непонятно, с чего я вдруг пишу в него то, что чувствую... На это уходит прилично времени, потому что я задумываю воплотить это слово «Дневник» карандашами разного цвета и крупными буквами. Дальше — проще, но тоже не совсем: что лучше — для записей — обычный карандаш или все-таки ручка и чернила... После некоторых мучений выбираю простой карандаш, если что не так, то всегда можно стереть, а ручкой — и кляксы и грязь!

Ну, а теперь, о чем же я думаю?

Я думаю о том, что люблю маму и папу, что они любят меня, то есть, мы любим друг друга. Что я уже давно не была у бабушки, но, когда была в последний раз, от нее по-прежнему пахло куриным бульоном. Что моя тетя счастливо живет в Молдавии и у нее скоро родится ребенок. А дедушка — болен, лежит в больнице и все кашляет и кашляет. Я вспоминаю его круглое лицо и очень его жалею. Еще — мне нравится зима, но и весна, и лето тоже, и я никак не могу выбрать, что мне нравится больше. Кажется, мне уже пора отрезать себе челку, все девочки в нашем классе уже давно это сделали. Когда скучно, время тянется бесконечно долго, а когда интересно и весело, то — раз-два — и пролетело… Что Крылов уже как-то давно ничего новенького не придумывал, а получать портфелем по спине не так уж приятно.

Я сама удивляюсь, сколько у меня мыслей. Но все они — не те, не для дневника. И тогда я вспоминаю громкую фразу, которую Галина Васильевна много раз повторяла для нас, а мы — вместе с ней: сначала мальчики, потом девочки, и только потом — уже все вместе. Я беру карандаш и старательно вывожу: «Я хочу быть достойной дочерью моей Родины!» Родина, конечно, с большой буквы. Подписываться не надо: ведь это же мой дневник, и так понятно, что это — я.

Завтра меня ждет великий день. Я уйду из дома — прежней, а вернусь уже совершенно другой. И опять начнется новая жизнь!

Я верю в это, и поэтому быстро и сладко засыпаю, чтобы новая жизнь началась как можно скорее.

С СЕМИ ДО ВОСЕМНАДЦАТИ

Школа, в которой я провела одиннадцать лет, была обыкновенной. Не математической, не английской, не для одаренных детей, а самой что ни на есть — обыкновенной, с программой, спущенной сверху для всех средних школ.

С семи до восемнадцати лет, почти каждый день — один и тот же путь от дома до школы, тот же, взрослеющий с нами, вестибюль, лестницы, бюст Ленина, столовка… Классные комнаты, одна похожая на другую, моя парта — всегда в среднем ряду, и знакомые-перезнакомые физиономии одноклассников. Даже учителя, в основном, одни и те же. При некоторой внешней статичности, так, по крайней мере, казалось, волнующая изменчивость жизни внутренней. Столько чувств: восторгов, тревог, радостей, побед, разочарований, прозрений...

Наша старенькая Марьиванновна по-прежнему живет в моем сердце. Я храню ее записочки-письма, которые она сочиняла каждому, чтобы мы могли поскорее научиться и читать и писать. А для Галины Васильевны в нем места нет. Иногда вдруг, ни с того ни с сего, слышу ее скрежещущий голос, и тут же отгоняю как нечистую силу.

С пятого класса учителей становится много, и если мне нравится учитель, то нравится и предмет: зависимость прямая и не сложная. Так, думаю, у многих. Классу к седьмому школа, хоть и требовала ежедневных усилий, но все-таки уже не так, как раньше, висела над душой. Восьмой — казался мне переломным, все, вроде бы, еще по-прежнему, но вместе с тем, уже волнуют открывающиеся горизонты. В девятом и десятом начинаешь смотреть вперед, а одиннадцатый — я просто с трудом переживаю, таким лишним и ненужным он мне кажется. Кстати, одиннадцатилетка на нашем выпуске и закончилось. Мы, пройдя трудовое обучение, получили первую в жизни профессию: мальчики — слесарей, девочки — воспитательниц детского сада. Правда, большинству из нас эта бумажка с синей печатью так никогда и не пригодилась.

Мне везло с учителями по литературе. Восторженные и романтичные, а именно такие мне каким-то чудом попадались, они произносили, конечно, отработанные тирады о значении и роли литературы в нашем обществе, но как-то без особенного пафоса. А вот о величии русской литературы и ее несравненной цели — «сделать человека человеком» — говорили с искренним придыханием. И вправду, как можно было не посочувствовать бедным крестьянам, которых мучает сумасброд- ная барыня, или «униженным и оскорбленным»?

Наша Галина Александровна — замечательно рассказывает. Такое ощущение, будто она сама стояла недалеко от Пушкина на его страшной дуэли и своими глазами видела, как он упал, и на снегу появилось кровавое пятно. Или как юный Лермонтов всю ночь метался по комнате, не мог найти себе места, а потом сел и одним махом на- писал стихотворение «Смерть поэта». Так получа- ется, что все, о чем она говорит, мы видим: и Пуга- чева с заячьим тулупчиком, и Акакия Акакиевича, влюбленного в буквы, и человека в футляре, даже в солнечную погоду выходящего из дома с зонти- ком, на всякий случай. Даже если мы пока не мо- жем вникнуть во все загадочные смыслы «Станци- онного смотрителя» или «Шинели», то, по крайней мере, учимся читать внимательнее, смакуя пред- ложение за предложением. А уж когда дело дохо- дит до стихов, то Галина Александровна знает, где пошуршать шипящими, а где поиграть гласными, как-то по-особенному открывая рот, чтобы мы лучше услышали ту самую «небесную музыку», о которой она время от времени упоминает.

Мы читаем по лицам «Онегина». Это уже дру- гая Александровна: Людмила. Участвуют — все. Много Татьян, много авторов, то есть Пушкиных, много Ленских, старушек-нянь и только парочка Онегиных: потому что Онегин застрелил хоро- шего человека. И как только его не посадили в тюрьму? Людмилочка, так мы звали Людмилу Александровну, только что закончила пединсти- тут: рыжая, молодая, горячая. Она учит нас читать Пушкина «в контексте» девятнадцатого века, а уж потом разглядывать его с точки зрения сегодняш- него дня. От этого возникают самые странные вопросы: например, стыдно или страшно Татьяне было писать свое письмо? И что это за такой странный у нее случился сон — с медведем, и нужно ли обращать на него внимание? И почему слово «честь» так много значило в прошлом веке?

Классе в восьмом мы смотрим сцены из «Онегина», поставленные актерами нашего театрального кружка. Нас опять запускают в актовый зал, и, вместо обычного урока по литературе, мы оказываемся хоть и в самодеятельном, но — театре.

Татьяна — с распущенными по плечам волосами, в длинном, непонятно каком, балахоне, который вполне может сойти за ночную рубашку... Тем более, кто может знать, какие ночные рубашки носили в девятнадцатом веке? Свеча не горела из-за пожарных инструкций, но сзади мутно светила тусклая лампа. Татьяна писала письмо, покусывая карандаш, и, перечитывая написанное, шевелила губами. Нежная, бледная, задумчивая, с туманными голубыми глазами, и вообще, как будто вся окруженная туманом, она мерцала на сцене, и мое сердце разрывалось от переживаний и восторга. Надо сказать, что сколько бы я ни видела впоследствии других Татьян, эта — мгновенно всплывала в моей памяти. Невольно я начинала их сравнивать, и та, мерцающая, с карандашом в руке, часто заслоняла собой других.

Следующей шла сцена «в саду на скамейке». Онегин мне тоже понравился. Правда, он время от времени забывал слова, скорее всего, очень волновался, и невидимый суфлер женским голосом, довольно громко, ему их подсказывал. На шее у него висел бант, короткие штаны были заправлены в девчачьи белые гольфы, что выглядело странновато, но он был худ, бледен и уверен в себе, и это производило впечатление. Правда, «в контексте» нашего времени, он говорил слишком долго. Какая Татьяна стала бы его так долго слушать?

В общем, сплошные переживания. Впрочем, у нас таких уроков — с переживаниями — уйма!

УРОКИ С ПЕРЕЖИВАНИЯМИ

До сих пор ясно вижу, как быстро, из стороны в сторону, трясет головой наша физичка. Такое впечатление, что она хочет ее куда-нибудь подальше забросить. Темные ее кудряшки приходят в неистовое движение и напоминают ураган. Увлеченно наблюдаем за ней: во-первых, смешно, во-вторых, научно! Как никак, а на глазах происходит что-то «физическое». Цитирую: «Всякое движение имеет под собой физическую основу». Наверное, в этом был какой-то смысл. Мы считали ее красавицей, но — дурой, потому что обычно она, когда сердилась, произносила одну и ту же фразу: «Девчонки-болтушки, сидите смирно, разве вы можете понять, что такое физика?!!» Конечно, нет: кто бы сомневался? Но почему-то ей казалось, что болтают только девчонки, а мальчишки слушают ее, открыв рты и не сводя глаз. Впрочем, действительно, было несколько таких, явно предпочитающих всему на свете физику. Они даже позволяли себе насмехаться над литературой. Мол, в физике хоть понятно, что из чего следует, а в литературе — сплошной хаос: то любит, то не любит, то — другому отдана... Надо отдать им, этим любителям физики, должное: они первыми решали умопомрачительные задачки, которые предлагались всему классу, первыми — тянули руки, чтобы ответить на вопросы. Все настолько привыкли к их пылающему энтузиазму, что с интересом наблюдали, как они, постоянно, «вызывая огонь на себя», приводят в полный восторг наша учительницу. Вот она хлопает в ладоши, вот закатывает глаза и воздевает руки к небу. Иногда даже казалось, что смахивает слезу. Впоследствии слово «экзальтированный» накрепко связалось у меня именно с ней.

Учительница химии была совсем из другой оперы: пышная, белолицая, как каравай хлеба, присыпанный мукой. Прямые бесцветные волосы, очочки, которые она время от времени снимала, подносила ко рту, дышала на них, протирала мягкой тряпочкой и снова надевала. Ее объяснения всегда начинались со слов: «Это очень просто!» После чего она молча заполняла доску латинскими буквами, плюсами, минусами, стрелками и другими красивыми значками. Я не успевала за ней, не понимала, что происходит, но аккуратно переписывала все эти иероглифы, чтобы потом показать папе. Он уж объяснит! Но все равно скучала и, чтобы не заснуть, таращила глаза. (Между прочим, многие из нашего выпуска стали химиками, поскольку тогда считалось, что за химией — будущее.) Гораздо веселее проходили лабораторные: мы вливали и выливали из одних пробирок в другие какие-то жидкости, пользовались лакмусовыми бумажками, и, если что-нибудь пенилось или взрывалось, лабораторная удавалась.

Мужчины-учителя у нас тоже были: в первую очередь — физкультурники, сразу несколько. У каждого имелась своя коронная фраза. Тренер по гимнастике, подсаживая на брусья, время от времени вопрошал: «Ну что, картохи не переели?» Другой, долго приглядываясь, оповещал: «Ноги — хорошие!» что означало: будешь бегать кроссы. Третий, подбиравший баскетбольную команду, подытоживал: «Рост — ростом, но запомните: в баскетбол без головы играть нельзя! А где они, ваши головы?»

Если физкультурники работали с нами по очереди, то учителя пения всегда приходили вместе. Один — играл на аккордеоне, другой ни на чем не играл, а дирижировал и подпевал. Вполне симпатичные дядьки, которые очень вежливо обращались друг к другу по имени и отчеству. Но что-то нам в них не нравилось, может, то, что они часто прерывали наше многоголосье и кричали: «Не то! Не так!» Или слишком громко отбивали ритм, один — руками, другой — ногой, так что мы сами себя переставали слышать.

Возникло общее напряжение, а за ним стихийное решение: сорвать им урок, пусть нас знают! Мы учились во вторую смену, за окнами — зима, а зимой, как известно, рано темнеет. Их урок всегда был последним, так что все получалось — гениально. Вот они заходят в класс, и тут, внезапно, гаснет свет, и мы начинаем кричать и топать ногами. Погасить свет было проще простого, поскольку выключатели торчали на стенке рядом с последней партой. На ней сидит худой и длинный Баскаков. Он протягивает свою худую и длинную, как у Кощея, руку к выключателю, свет гаснет, мы — орем, топаем ногами и стучим крышками парт. Крышки парт — это уже импровизация! Почему-то они оба, эти учителя пения, ужасно испугались и шарахнулись к двери, как будто произошел страшный взрыв. Но через минуту уже горел свет. Сцена получилась немой (совсем не такой смешной, как в финале «Ревизора». Они молчали, мы тоже молчали и удивлялись, почему они ничего не говорят и не зовут завуча. Как закончился этот урок — не помню, но не могли же мы промолчать все оставшееся время?

Надо отдать им должное, этим учителям пения, они на нас не нажаловались. Разборки не было.

Желание сорвать урок — довольно часто настигало нас. Видимо, оно олицетворяло революционность нашего духа, а также его возвышенность и поэтичность. Но одно дело — идея, а другое — ее воплощение. Это мы уже усвоили! Вот и с уроком пения возникла загвоздка: оказывается, Любка Виноградова — против. Она сначала просто повторяла: «Я — против! Я — против!», а потом все-таки объяснила, что участвовать в «таком» она не может: у нее мама — учительница... И тогда с ее, Любкиной, стороны — это будет предательством. И еще потому, что «учительство — очень трудный хлеб», и она это хорошо понимает. Но и нас она тоже не хочет предавать, поэтому в этот день она вообще не придет в школу, скажет, что горло заболело. И без слов было понятно, что мы никогда никому не скажем про ее горло.

Что-то было в том, что она говорила. Но, по правде, именно тогда нам не хотелось особенно думать: общее ликование и возбуждение уже захватило нас, общий порыв понес вперед. Мы долго еще были дремучи, долго, по-детски азартны и прямолинейны, не слишком чувствительны и вдумчивы, и как-то, на свой лад, умели играть словами — «предательство», «справедливость», «правда»...

Мы презирали географичку Фриду Исаковну за ее вечно простуженный голос, слезящиеся глаза, растянутую вязаную кофту с оттопыренными карманами, но больше всего — за заискивающее выражение ее лица, особенно когда она напоминала нам о домашней работе. Мы были уверены, что она боится нас. Бог весть почему! А историчку, худую перекрученную, желто-морщинистую терпеть не могли, потому что эта Анастасия, без отчества, почти на каждом уроке устраивала что-то такое, чего и ожидать было невозможно. То притаскивала карту и просила показать Сибирь, то вызывала по очереди к доске, чтобы мы написали даты жизни какой-то там царицы, о которой мы уже давно думать позабыли, то пыталась вытянуть из нас про крепостное право: мол, как мы, видите ли, его себе представляем... И время от времени, убеждаясь в нашей несусветной необразованности, она выходила из себя и выводила единицы в журнале с жадной радостью! А кому они нужны были, эти единицы? Но когда она заканчивала беситься и начинала рассказывать — про одно, про другое, про третье — тут мы, конечно, замолкали и развешивали уши... Почти все, что в них влетало, тут же вылетало, но что-то и оставалось.

Со временем выяснилось, что историчка была контужена на войне, то есть нервишки у нее и вправду никуда не годились, что и требовалось доказать. Да и с Фридой Исаковной не все оказалось благополучно: после войны осталась она одна и искала в нас, своих учениках — тепла и сочувствия. Но кто ж это мог знать?

Одна из немногих, я обеих их — как бы! — любила, по-разному, конечно. Фриду за вечные ее восторги по поводу моих карт. Карты я обожала, могла часами их рассматривать и раскрашивать: голубое — вода, зеленое — леса, желтое — низменности, другое желтое — пустыни, а горы — коричневым... Это и были, в основном, наши домашние задания. (К Фриде я еще и присматривалась, чтобы понять, что же, все-таки, между нами — общего, еврейского. И никак не могла.)

А историчку, хоть и считала, конечно, сумасшедшей, но такой... вдохновенной. Слово это пришло от нее. Она часто говорила, что одно событие может вдохновить другое, что люди вдохновляют друг друга, и музыка, и природа, и книги. Прошло немало времени, пока я сумела оценить ее клокочущую энергию и безумную попытку расшевелить наши мозги и воображение. Все-таки часто в нас «сонно-монотонно» вталкивали положенную программу с уже расставленными ударениями.

Зубрить было легче, чем понять, да еще и найти для этого свои «собственные» слова. Поэтому Нинка Маньковская, которая первую четверку получила в шестом классе, потому что не смогла вызубрить пять страниц, а четыре — всегда могла, рыдала, уронив голову на парту, от горького своего горя: как же так — теперь она не самая лучшая... А мы не знали, что делать: то ли радоваться — наконец-то прищучили задаваку, то ли сочувствовать, — все-таки человеку плохо.

Может потому, что наша очаковская школа была не показательной, и не образцовой, и не специальной, у нас оставалось — свое — время. Видимо, нам попался умный директор! Конечно, он считал, что детям нужно хорошо учиться, собирать макулатуру и металлолом, ходить на собрания, участвовать в соревнованиях, переводить старушек через дорогу, но еще, что детям — нужно и их собственное свободное время. Нельзя же, в конце-концов, постоянно слушаться и подчиняться, надо и самим до чего-нибудь додуматься, а то и придумать, на свой собственный лад и вкус, по собственному вдохновению. Вот для этого и нужно свободное время!

А может — это только мои фантазии. И все гораздо проще: просто опять повезло!

СВОБОДНОЕ ВРЕМЯ

Что человек может делать в свободное время? Во-первых, гулять. Двор по-прежнему мил моему сердцу, но я уже давно переросла лапту и «секреты» с золотыми и серебряными бумажками. Теперь я выхожу во двор, чтобы встретиться с друзьями и пообщаться с ними. «Общение» — важное и новое слово в моем словаре.

Если раньше больше всего хотелось галдеть гурьбой, то теперь втроем, а еще лучше вдвоем — интереснее всего. Можно просто ходить по улицам и разговаривать. Я по-прежнему обожаю Ленку, потому что она все время приносит что-то новенькое. Например, на прошлой неделе она сообщила, что хочет стать геологом, бродить по свету и искать в земле полезные ископаемые. А на этой — решила, что археологом интереснее. Опять-таки ходишь по свету, опять-таки роешься в земле, но ищешь уже не золото и алмазы, а горшки и топоры, которыми пользовались древние люди. Я слушаю и удивляюсь, потому что сейчас все девочки хотят стать артистками, а мальчики летчиками, а она то геологом, то археологом. Моя другая подружка — из класса, Таня Радова, точно может стать артисткой. У нее совершенно белые волосы, таких я никогда ни у кого не видела, длинные белые косы, как у красавиц из русских сказок, и всегда — с голубыми бантиками, к глазам. Она настоящая отличница, а не зубрила. Ей очень легко учиться, а почему — она сама не знает. Так получается. Она уже рассказала мне, что останется в нашей школе до конца восьмого класса, а потом пойдет в геодезический техникум. У нее так сделала двоюродная сестра и очень довольна. Оказывается, геодезисты тоже ходят по свету и часто вместе с геологами. Но что они делают, я так и не понимаю.

Ее родители считают, что ей нужно как можно быстрее получить профессию и стать самостоятельной. Они называют это жизненной необходимостью и давно приучают ее к самостоятельности. Она, к примеру, уже умеет печь пироги. Когда у нее день рождения, она сама ставит тесто, а потом печет ватрушки с творогом и вареньем.

Ее мама рядом, просто для поддержки, но среди нас — больше таких Тань нету. В душе, конечно, как и все, она тоже хочет стать артисткой, поэтому, время от времени, изображает то отличницу-задаваку с носом к потолку, очень похоже, то — как длиннорукий Баскаков смешно поливал цветы: все вокруг валится и он мокрый с ног до головы, то свою старушку-бабушку: сгибается почти до пола и медленно-медленно переступает, очень трогательно и нежно. Бабушка эта живет за занавеской в их комнате, и когда мы приходим к ним, то всегда ее навещаем: она очень по-доброму улыбается нам своим беззубым ртом и, если есть силы, то жмет нам руки своей морщинистой лапкой.

Нелька, еще одна моя подружка — совсем близкая соседка, живет через дом. У нее нет папы, зато у нее есть старшая сестра, которая скоро выйдет замуж, поэтому даже зимой ходит в капроновых чулках. Маму мы хорошо знаем, она работает кассиром в продовольственном магазине. Нелька — тихая, боязливая, молчаливая, но очень добрая. Она умеет сочувствовать. Она как-то быстро понимает, если происходит что-нибудь не то, и так хорошо на тебя смотрит, без всяких слов, что становится спокойно. С Ленкой — хорошо разговаривать, с Нелькой — молчать. Она, пока еще — гадкий утенок: ноги длиннющие, лопатки торчат, ручки тоненькие, бледная, с бесцветными крысиными хвостиками... Но классу к десятому, она, вдруг, превращается в воздушную красавицу с нежной кожей, яркими голубыми глазами, тонкой талией и длинными ногами. Сама она в это не верит, и каждый раз, когда получает очередную любовную записочку, тихо удивляется и не обращает на нее внимания. Вообще-то я знаю, что она уже давно влюблена в Баскакова, в нашего худого Кощея

Бессмертного, но он почему-то даже не глядит в ее сторону, дурак, а она, как всегда, тихо переживает.

Если подумать, у меня не так мало подружек. Мы время от времени считаем на пальцах, у кого кто есть. Ленка, например, перечисляет всех подряд, и у нее может получиться сразу сто. А я — только заветных, таких, которым могу доверить свои секреты. Одна из них — Валечка. Она скоро начнет заниматься музыкой. Пианино с белыми и черными клавишами ей уже привезли, и она мечтает, как будет ходить с большой черной папкой на веревках в музыкальную школу, которую у нас совсем недавно открыли: неказистое такое одноэтажное здание, перестроили из барака... Ее мама считает, что у нее хороший слух и голос. Она сама играет на пианино и поет и, конечно же, хочет, чтобы ее дочка тоже играла и пела. И Валечка соглашается. Она такая, что со всеми соглашается. Что ей ни предложишь — все хорошо! У нее даже есть такая фраза: «Я как ты!» или: «Я как все!» И мне это странно.

Но нельзя же гулять все свободное время!.

ЛЮБИТЕ ЛИ ВЫ ЧИТАТЬ?

Что же еще? Конечно, читать! Дома у нас не так много книг, всего один книжный шкаф. На нижней полке — все мое: сказки разных народов, конечно, Диккенс, «Остров сокровищ» — про пиратов, Гайдар с Тимуром, Марк Твен про умного Тома Сойера, Пушкин со стихами, отдельно «Евгений Онегин», Лермонтов, тоже стихи, Гоголь с «Вием» и «Страшной местью» — прямо сердце холодеет от его историй... Я разбираюсь и в маминой полке: там эта «Очарованная душа», которую она обожает, много томов Голсуорси, пробовала, но бросила, очень длинно, Тургенев, о печальных любовях, а не «Муму», которое у всех уже в зубах навязло, и только О. Генри — веселенькое... На папину полку смотреть особенно нечего: там химия, физика, толстенные тома и множество каких-то почти бесцветных брошюрок. Некоторые он даже сам написал.

Мои родители считают, что домашняя библиотека — это хорошо, но все равно всех книжек не соберешь, а главное — и не надо! Поэтому мама торжественно ведет меня в настоящую библиотеку. Мы записываемся обе, у каждой — своя карточка, и набирать на нее можно пять книг за раз, а, если мы вместе, то и десять. Правда, их выдают только на две недели, так что лучше брать не больше трех. (Я давно уже хожу туда сама, всего-то через пару улиц. Впрочем, пока в нашем Очаково, хоть оно строится и строится, все близко.) В библиотеке можно снять с полки любую книгу, сесть на кресло под фикусом и полистать ее, а если надо, то посоветоваться с нашим «одуванчиком» — Надеждой Яковлевной, библиотекаршей — она на любые вопросы откликается с вдохновением. Надежда Яковлевна — вся серебряная: седые волосы, сероватая вычищенная одежда, тоненькое колечко, блестящие туфельки, в которые она переодевается, чтобы не заносить вовнутрь лишнюю грязь и пыль. И прежде, чем выдать книжку, она ее листает и поднимает глаза к небу, мол, какая замечательная, какое блаженство вас (она со всеми — на «вы») ожидает, завидую всей душой!

Чтение было типичным времяпрепровождением моего поколения, читали все, одни — больше, другие — меньше, но читали. Хотя бы потому, что как-то так получалось, что основные разговоры — друг с другом — на переменках и после уроков — о книжках. «Я прочитал здоровскую историю!» — заводил кто-то первый. «О чем?» — возникало сразу несколько голосов. «О разведчиках... О войне и партизанах... Про графа Монте-Кристо... Там такое: тюрьма, остров, сокровища, месть! А я — сказочки не люблю, я — о том, как строили Кремль (это уже Анастасия насоветовала). И еще — про путешествие на морское дно...» Отделаться от школьной программы не удавалось, да и по правде сказать, в ней было немало стоящих книжек; часто что-то подсовывали родители; постоянно происходил обмен. Вместо запретного Мопассана, томик которого Ленка стащила из домашней библиотеки, я дала ей «Алые паруса». Ее прямо загипнотизировало имя «Ассоль». Но Ленка страшно меня торопит, потому что боится: родители могут заметить пустое пространство на полке. Но и бог с ним, с этим Мопассаном. Взамен она дает мне «Голову профессора Доуэля». Я читаю, восторг полный, пускаю ее по длинному кругу, и в конце концов книжка пропадает. Это называлось: «заиграли». Такое тоже случалось! Но виновата-то я. И Ленка доступно мне это объясняет. Ей понадобилось всего два дня, чтобы найти эту «Голову» и заполучить её назад. «Учись!» — хладнокровно объясняет она. Позже у нее появилась великая фраза: «О чем с ней разговаривать! Она даже Чехова не читала!»

ВАЖНЕЙШЕЕ ИЗ ИСКУССТВ

Даже новоявленные телевизоры не могли занять место книг, поначалу — их было просто очень мало. Но после чтения — второе место им было обеспечено. Тогда никому в голову не приходило, что эти волшебные ящики с крошечными черно-белыми экранами и огромными линзами, в которых плавала маслянистая жидкость, когда-нибудь превратятся в плоские чемоданы с огромными цветными экранами, и их не нужно будет выключать, после просмотра, к примеру, «Золушки» (той самой, с Жеймо, Гариным, Раневской), чтобы телевизор, бедненький, не перегрелся.

«Золушка» — любимый фильм моего детства. Его показывали тогда как минимум раз в неделю, поэтому каждую мелочь я знала наизусть: от деревянных ее неудобных башмаков (как она только в них ходит?), старого платьишка, скрипучей метлы до невероятных нарядов, которые ночами она шила сестрам... Помните, там еще был ангелоподобный кудрявый принц в шараварчиках и камзоле, он угощал Золушку королевским мороженым, по виду очень вкусным. И чудесный мальчик, который учится на волшебника: хрустальные башмачки, между прочим, именно он подарил Золушке. Совершенно очевидно, что все чудеса, которые происходят в фильме — по мановению волшебной палочки — лишь дань простой справедливости: поэтому и случается поездка на бал, встреча с принцем, любовь... Поэтому-то и злыдня- мачеха в огромной шляпе с фруктами и перьями, называющая своих противных дочек «крошками», убирается в конце концов в другое королевство. Так и должно всегда происходить в жизни! А как иначе?

Перед зеркалом я пытаюсь изобразить Золушку, но возвышенность и смиренность у меня не получаются. Слишком трудно. Как, впрочем, дернуть плечом или щелкнуть зубами, как мачеха. Остается только покривляться, изобразив разные рожи, смысл которых очень прост: допрыгалась, мачеха, так тебе и надо, королевство, видите ли, ей маловато, негде развернуться!

Иногда родители водят нас в кино... Новое счастье: отстроенный кинотеатр, аж с двумя залами, синим и красным, и стенд для афиш, поставленный посреди поселка. Идешь в школу — и всегда знаешь, что показывают. Сначала ходим на мультфильмы. Потом — попозже — на Васька Трубачева и его боевой отряд. Ну, а дальше — на все подряд: про войну, про любовь, и, хотя еще нет шестнадцати, почему-то с родителями пускают на «Брак по-итальянски»... Голова от восторга идет кругом. Его нужно посмотреть еще раз, и еще, а если получится, и еще... Нужно только найти знакомого взрослого: «Ах, вы собрались на этот итальянский фильм, пожалуйста, пожалуйста, возьмите меня с подружкой, смотрим в третий раз, век будем благодарны...» Но можно и незнакомого — это называется «присоединиться» — то есть, упросить каких-нибудь чужих взрослых, идущих на сеанс, купить нам билеты и заодно и провести. Ленка в этом деле бесподобна. Крупная, она разыгрывает из себя старшеклассницу, объясняет, что родители очень заняты, тут же достает из кармана смятые деньги, а для пущей убедительности начинает пересказывать фильм: мол, не в первый же раз смотрим! Когда же «добрых людей» смущает мой маленький рост, она тут же объясняет, что я старше ее на год и два месяца, и это — святая правда. «И мама у нее — невысокая, и бабушка, и даже все прабабушки!» –болтает она. Я молчу и раздуваю щеки. Ленкин заключительный аккорд всегда один и тот же: «Вам очче-еее-нь понравится! Что вы! Софи Лорен! Гениальная актриса! А Рим! Вы когда-нибудь видели Рим?»

После фильма мы опять долго обсуждаем Софи Лорен: красавица она или нет? Все-таки очень длинный нос и большой рот. А Рим — город что надо: блестящие машины, журчащие фонтаны, мраморные статуи... Вообще говоря, у нас тоже есть статуи: Ленина, Ломоносова, человека с ружьем, моряка, и в метро, и на улицах; а фонтаны — на сельскохозяйственной выставке. Очень нарядно. А в Риме — какие-то Фавны и Паны, из мифологии, лохматые, сами с рогами, и держат в руках рога, и из них льется вода. Выглядит — необычно. Впрочем, это же кино, а в кино, что хочешь, то и выдумывай. Может, эти фонтаны и совсем не настоящие!

А Софи Лорен — все-таки красавица, пойди поищи такую тонкую талию!

Много лет спустя Рим станет для меня заветнейшим местом: из всех городов, которые мне выпадет узнать, он станет самым дорогим. А с Софи Лорен я встречусь в доме у родителей моего американского зятя. Его отец — знаменитый доктор — много лет консультировал ее, и она, приезжая в Нью-Йорк, всегда приходила на торжественные семейные обеды в ее честь. К этому времени я уже точно знаю, что она — не просто красавица, а величайшее чудо мирового кино.

ДЫМ КОСТРА

В начале седьмого класса у нас появляется еще одно занятие, при желании сжигающее все свободное время — это туристическая группа для старшеклассников! Организует ее наш новый физкультурник, Юрий Михайлович, молодой, но уже «тертый» турист. Так он представляется нам, поскольку ходит в походы всю сознательную жизнь. Вообще-то он закончил Институт физкультуры, то есть, и бегает, и прыгает, и на кольцах отжимается, и в горы карабкается. И, конечно, на гитаре играет, как и все туристы. Мы его внимательно слушаем. Начинает он незатейливо: «Чтобы ходить в настоящие походы, надо быть сильным, выносливым и многое уметь, а для этого надо долго и упорно тренироваться!» Нас, сильных и выносливых, собралось человек тридцать. Мы сидим в школьном дворе, вокруг — теплая осень, листья только-только начинают желтеть. Мы — умиротворены, расслаблены и готовы пойти в поход хоть завтра... С ночевкой, костром и гитарой. Кто не знает в наши времена, что «чувство дороги» делает тебя счастливым, а «дым костра создает уют»? Юрий Михайлович долго перечисляет, чему нам надо научиться: быстро ставить палатки, быстро разжигать костер, быстро уметь спасаться от дождя, быстро готовить еду на огне, работать с компасом и картой, определять по деревьям, где север, где юг, ходить по азимуту...

— Ну что, готовы? — беззаботно спрашивает он.

— Конечно! — отвечаем мы хором.

— Тогда встали, спускаемся к беговым дорожкам. Начнем с десяти кругов!

В первый поход мы идем только весной. Из тридцати человек в лучшем случае осталась половина, но мы вполне подготовлены к двухдневной вылазке в наши недалекие подмосковные леса. Все по-настоящему: палатки, рюкзаки, в рюкзаках — спальники, смена одежды, запасная обувь, еда: у меня консервные банки с тушенкой. В целлофановом пакете спички и фонарик. Сначала мы едем на электричке, часа два, все по нашей Киевской дороге, потом быстро выгружаемся на платформу, перекликаемся. Да-да, все — на месте. Юрий Михайлович ведет нас, он — первый, мы — за ним, друг за другом, я предпоследняя, видимо, из-за роста, так уж распределилось на тренировках. За мной — замыкающий, Витя Волков, поскольку он не только сильный и выносливый, но еще и спокойный, умеет быстро принимать решения, если что вдруг не так.

В конце пятидесятых — начале шестидесятых туризм ворвался в жизнь ураганом. Вряд ли это была только мода. Спать в палатках, топать по грязной дороге и разжигать костры попробовали многие, но «заболели» — далеко не все. А те, кто «вовлеклись», даже не понимали, что тут можно обсуждать. Для них формула была простой: «Ничего лучше не бывает!» Конечно, можно поговорить о новых, невиданных местах, о чуде звездного неба, особенном вкусе еды и чая у костра, задушевности разговоров... А заодно — о едкости дыма, злющих комарах, промокших ногах... Но это, все вместе, лишь восхитительные приметы наших путешествий. Главное же — преображение обыденности, которое возникает не только в самом походе, но остается и потом, как послевкусие от настоящего дела. Слова эти пришли ко мне позже, чувствовала же я так всегда. Не думаю, что мое поколение тянулось к романтике больше, чем другие, предыдущие или последующие. У каждого — был свой идеал. В походах же возникало невероятное чувство простора и воли, и это при том, что организованный порядок являлся основой наших вылазок.

Запрыгну вперед: мы в Псковсокй области, ночуем на озере Долгое. Уже оттопали километров пятнадцать, нашли место для стоянки и сбросили рюкзаки. Мальчики ставят палатки, девочки отправляются за хворостом. Блуждаем, кто где, собираем палочки, сучья, высохшие ветки. Все время — нос к носу — сталкиваюсь с Танькой, той самой, что играла Татьяну в «Евгении Онегине». Она на год старше меня, не такая загадочная, как тогда, на сцене, но не совсем обычная, и даже скорее совсем не обычная, потому что — неожиданная. По крайней мере, для меня. Мы протопали с ней уже не один поход и считай что подружились. Скорее всего, идея искупаться в озере приходит в голову ей, но я так горячо ее поддерживаю, что может показаться, что это именно я подбиваю ее на невозможный подвиг. Мы приносим хворост, бросаем его в общую кучу, идем к рюкзакам. Палатки еще не поставлены, так что они лежат на брезенте. Вытягиваем по купальнику, и как ни в чем не бывало отправляемся к озеру. Быстренько переодеваемся в кустах, складываем наши вещички на берегу и забегаем в озеро.

Вода теплая, прозрачная, чудесная. Мы плывем вперед, болтаем, выкрикиваем какие-то стихи, и кому-то из нас приходит в голову доплыть до другого берега. Идея — превосходная! Мы плаваем совсем неплохо, правда, по-собачьи, но крепко держимся на воде. В какой-то момент расстояние между нами начинает увеличиваться, каждая забирает в свою сторону: Танька — правее, я — левее. Почему — не понятно. Но мы перекликаемся и перекликаемся, а тот, другой берег, все никак не наступает. Хуже становится, когда мы перестаем слышать друг друга. Кричишь, а в ответ тишина. И что тут думать — не понятно. Когда мне приходит в голову оглянуться и посмотреть назад, то наш покинутый берег — ого, как далеко, так что ничего не остается, как плыть вперед. И вот, наконец, какая-то трава торчит из воды, и я вижу дно. Первое ощущение: ух, стою, как это удобно. Второе — плечи и руки совершенно отваливаются. Но сейчас не до этого. Я кричу, кричу, и, наконец, слышу, что Танька тоже кричит. И мы то ли бежим, то ли плывем навстречу друг другу. Какая радость! Какое счастье! Обе — устали, обе — уже догадываемся, что назад не доплыть. И обе не знаем, что делать. Наверное, Танькино везение и мое тоже, объединившись, послали нам неразговорчивого рыбака в лодке. Он-то и отвез нас на наш берег.

Нас уже искали. Врать не захотелось. Мы без лишних подробностей рассказали о своем заплыве и счастливом возвращении. Если бы с нами был Юрий Михайлович, то он отправил бы нас домой. По крайней мере, подумал бы об этом. Я даже услышала его голос: «Как можно — бросить всех, и вместо того, чтобы ставить лагерь, идти плавать?!» Но на этот раз нами руководили две славные молодые учительницы, сами напуганные до смерти нашим отсутствием. Они уже успели вздохнуть с облегчением: хорошо то, что хорошо кончается. Но общая летучка состоялась и нас предупредили, такое — в первый и последний раз. И оставили готовить ужин. Все же — вместе — пошли плавать и смотреть на закат. Кажется, нам никто не посочувствовал, спросили только: мол, как там водичка, теплая?

Но до этого похода еще далеко. А пока мы идем друг за другом, с Юрием Михайловичем — ведущим и Витей Волковым — замыкающим, защищенные и взволнованные. Рюкзаки тяжелеют, небо сереет, и наш самый первый лагерь мы разбиваем под дождиком, правда, он быстро заканчивается. А вечером, отужинав макаронами с тушенкой, выпив необыкновенно крепкого и сладкого чая, помыв горячей водой с песком и мылом наши миски и кружки, мы сидим у костра. Нас никто не гонит спать. Над нами — то самое звездное небо, далекое, делающее нас песчинками в огромном бездонном пространстве, и такое, при всем при том, уютное.

Коротких походов было множество, в основном по Подмосковью, и весной, и летом, и осенью. Зимних не помню, видимо, несподручно было спать на снегу, да и зимы в те далекие времена были куда суровей. Довольно быстро двухдневные и трехдневные вылазки делаются естественной частью жизни, но самое главное, как всегда, впереди: следующим летом — большой, длинный поход в загадочную Карелию, к Ладоге... Уже только одни эти слова кружат голову! Но тут возникает заминка. Вдруг начинают бунтовать родители: оба — в один голос! Оказывается, я перестала серьезно относиться к учебе, оказывается, я стала гораздо меньше читать, оказывается, я совсем не помогаю с домашними делами, оказывается, я совершенно не бываю дома... В общем — куча всяких «НЕ», о которых я даже не задумывалась. Осень только началась, впереди, как минимум, три-четыре выхода. И ничего не помогает: ни слезы, ни убеждения, ни надутая обида. «Что же — дальше?» — вопрошаю я. «Посмотрим! — это папина удобная уклончивость. — В любом случае, никаких планов на следующие выходные, в субботу поедем все вместе за грибами, на автобусе, от моей работы. Считай, что это тоже поход!»

Субботнее утро начинается с того, что у мамы болит голова. Это — общая формулировка для всяких недомоганий. Отказаться уже поздно, за нами вот-вот заедет автобус. Что делать — едем вдвоем с папой. Ничего интересного: тарахтящая старая колымага и взрослые разговоры ни о чем... Я — единственный, если так можно выразиться, великовозрастный ребенок. В окошко, правда, смотреть красиво.

И вот мы уже все вместе идем по лесной дороге и постепенно расходимся в разные стороны. Сначала «аукаемся», а потом бредем сами по себе. Грибов мало, дождей, видимо, было недостаточно. Где-то часа через два мы пытаемся вернуться к автобусу, таков договор, там нас ждет костер и еда.

Еще через полчаса мы понимаем, что заблудились. Слишком много раз меняли направление, и, как назло, нет карты. «Как же так? — возмущаюсь я. — В поход и без карты!» Хорошо, что у нас есть вода. И мы идем и идем, даже на грибы не обращаем никакого внимания, потому что — не до грибов.

В конце концов мы выходим к какой-то деревне, от нее бредем к железнодорожной станции, ждем электричку, и когда наконец доплетаемся домой, мама уже знает, что к автобусу мы не пришли, и давно волнуется.

На следующий день я невольно подслушиваю родительский разговор: они в комнате, я — на кухне, как всегда, говорят громко и думают, что я не слышу. Папа: «Сам не знаю, как она дошла! У меня — ноги были деревянные. Очень устал, от всего вместе: дороги — сплошные колдобины, карту не додумался взять, целый день без еды, даже мороженое на станции не продавали, хорошо, что вода была и кошелек в кармане... А то бы пришлось зайцами на электричке». Мама: «Вот видишь! Это — все ее походы! Если бы не походы...»

Разговор продолжается, но дальше я не слушаю. Зачем? Я понимаю, что все в порядке. Конечно, если бы не походы!

ОДИННАДЦАТЫЙ КЛАСС

Что мы делали в одиннадцатом классе?

Нельзя сказать, что совсем уж валяли дурака. Занятий никто не отменял, плюс еще это «трудовое обучение». В конце года нас поджидали выпускные экзамены, а потом и приемные — кто куда! Танька закончила школу на год раньше, попыталась поступить на филфак университета, но не получилось, и стала заниматься с репетиторами: русским, историей... Я тоже собиралась в университет, на тот же филфак, и на семейном совете получила «добро» на дополнительные занятия. Жизнь поэтому, с одной стороны, еще сильнее уплотнилась, с другой — появилась бОльшая свобода. Сами по себе, мы отправлялись или на электричке до Киевского вокзала, где жила наша старушка-русичка, или на автобусе к Юго-Западной, в семейство историков.

Мне казалось, что у всех вокруг меня, «уровень жизни» приблизительно одинаковый. А даже если и есть различия, то — незначительные. Ну, подумаешь, у Валечки есть пианино... Оно уже ей порядком надоело, так что даже походы в музыкальную школу с черной папкой ее совсем не радуют. Нелька же умирает от «Полонеза» Огинского и даже слушает его с закрытыми глазами, хотя Валечка исполняет его кисловато, как будто у нее отваливаются руки. Нелькина голубая мечта — научиться играть — так никогда и не сбудется. Им некуда поставить пианино, они с мамой и сестрой живут в крошечной двушке с соседями, а потом — на пианино нет денег. Радовы — уже без бабушки за занавеской — еще годы продолжают ютиться в той же самой комнате дома с коридорной системой, но искренне считают, что их жилищные условия необыкновенно улучшились. У моей другой Таньки, с которой мы ходим в походы, квартира побольше, и вся — в картинах и картинках, потому что ее отец — художник. И даже не очень тесно, хотя с ними живут две бабушки.

Но то, что открывается у нашей «русички», может поразить любое воображение. Она хозяйка старой однокомнатной квартиры с высоченными потолками и лепниной, огромными окнами, длинным коридором, хоть бегай кроссы, необозримой ванной и просторным туалетом. Но это все пустяки! В комнате у нее... оргАн, конечно, не такой большой, как в консерватории, но самый настоящий. Посередине стоит массивный стол со стульями, вокруг — вдоль стен — старые, потертые, слегка перекошенные, но резные шкафы и этажерки, чуть ли не средневековые пуфики и крошечная тахта, ложе нашей старенькой учительницы. Следующий слой: книжки, бумаги и бумажки, пожелтевшие газеты, журналы, коробки, тряпки, пелерины, шляпки, петухи для чайников... Всего не перечислить! Но главное — это кошки, штук пять, а то и больше. У каждой — свое любимое место: одна возлежит на крышке органа, другая — на столе, за которым мы занимаемся, кто-то на на пуфике, кто-то на шкафу, но все они время от времени высовывают свои сонные морды из бумажных и тряпичных завалов и зевают, не обращая на нас никакого внимания. Стены плотно увешаны пейзажами в массивных рамах и портретами бородатого благообразного мужчины. Со временем мы спросили у нашей крошечной с ярко-рыжими крашеными волосами старушки, кто же это, и она объяснила: Глеб Успенский, ее дедушка.

Учительницей она оказалась первоклассной. На каждом уроке мы писали диктанты, тексты которых тоже отдавали стариной. Но это было не важно: она виртуозно расправлялась с запятыми и трудными орфографическими случаями. Потом мы узнали, что она много лет проработала корректором, о чем вспоминала с волнением, похожим на ужас. Разгадка пришла к нам гораздо позже: были времена, когда она могла дорого заплатить за пропущенную ошибку или опечатку. А нынче она нуждалась в учениках и со всей душой полировала наши знания, могла по двадцать раз без всякого раздражения повторить какое-нибудь замысловатое правило, тут же выдать запоминающийся пример, и, если надо, устроить дополнительный диктант... Но еще с большей страстью она соблюдала кошачий режим. Уроки наши всегда заканчивались минута в минуту, и сразу же начинался кошачий ужин. Мы еще одевались в прихожей, а она уже зазывала своих «деток» на кухню, выкрикивая удивительные имена, что-то вроде Саский и Шарлотт.

Мы же — тихим, спокойным шагом возвращались к электричке. Расписание знали наизусть и, независимо от времени года, покупали мороженое. Его продавали круглый год, но зимой — это было особенно впечатляюще. Замотанные в три платка, в перчатках с обрезанными пальцами, краснощекие и почему-то всегда полногрудые, в белых халатах на зимних пальто, продавщицы, окруженные облаком собственного дыхания, протягивали: мне — всегда стаканчик с розовым кремовым цветком, а Таньке — сливочный рожок. Мы называли себя однолюбками и почему-то обе считали это очень достойным качеством.

Мы едем домой, лижем мороженое, чтобы надольше хватило, и обсуждаем старушку с кошками, как будто из другого века, и парочку наших молодых историков, еще более странных, чем она. Мы обе это очень хорошо чувствуем. Эти историки — еще вполне молодые, но у них уже есть маленькие дети: мальчик и девочка. Каждый раз, когда мы приходим, пожилая женщина, похоже что няня, собирает их на прогулку. Она спокойно реагирует на их сопение, слезы и крики «не хотим», «не будем», «не можем». Пока их собирают, мы стоим в стороне, чтобы не мешать, — прихожая узкая и тесная — и стараемся улыбаться, демонстрируя дружественность. Но, признаться, мы не в восторге от этих воплей. И, когда за ними, наконец, громко захлопывается дверь, сразу же становится необыкновенно тихо и приятно. Теперь нам нужно снять обувь и оставить ее на половике: кругом ослепительная чистота, особенно по сравнению с кошачьим раем нашей учительницы по русскому.

Во многих московских домах такая традиция — снимать обувь при входе: ничего особенного. Но почему-то именно в этом — незатейливая процедура превращается в какое-то торжественное, замедленное действо. Мы аккуратно расставляем нашу обувь на половике, внимательно соблюдая «параллельность линий», распрямляемся и ждем, пока не появится Муж или Жена (наши учителя занимаются с нами по очереди). Наконец, приветственный кивок, и нас ведут в комнату в глубине квартиры. Мы идем друг за другом, идем медленно, торжественно, долго, как будто перемещаемся в другую реальность... Как это получалось — уму непостижимо: прямо какой-то гипноз!

В комнате уже все готово: два стула — для нас, у письменного стола. Стол большой: мы — с одной стороны, Учитель — с другой. Перед нами лежит стопка бумаги. Это — если мы забыли наши тетради. Рядом, в пластмассовом стаканчике две ручки, на случай если мы совсем потеряли головы и забыли взять свои. Совсем не важно, кто будет вести сегодня урок: он или она. У них общий метод, он называется: «Чтобы от зубов отскакивало!» Имеются в виду — знания. Вообще-то они очень похожи друг на друга: оба длинные, сухие, бледные, с бледными глазами и волосами. К концу урока в наступающих сумерках их даже трудно различить, как будто они растворяются в воздухе.

«Готовы?» — это первый, вечный, вопрос, который они задают. Мы уже сидим, и в ответ киваем головами. Второй, тоже вечный, вопрос: есть ли у нас вопросы. «Вопросов — нет? (Удивленно.) Хорошо, раз вопросов нет, повторим даты». Даты уж точно должны отскакивать от зубов! Это трудная часть — и для меня, и для Таньки. Но что нам остается? Даты мы зубрим, пишем на карточках, кладем их под подушку, чтобы легче было запомнить, спрашиваем друг у друга, а удовольствия — никакого. Даты по порядку — еще ничего, но — вразброс... Просто ужас! Следующая часть урока — вопросы по пройденному: «Назовите основные причины Пугачевского восстания. Не надо пересказывать «Капитанскую дочку». Первая причина, вторая, третья... Запишите! В следующий раз — опять спросим!»

В общем, они нас натаскивают. Мы уже это поняли и смирились, потому что без натаскивания нельзя. Экзамен по истории будет устным, тебе — вопрос, ты — ответ, размышлять времени не будет. Они оба работают в университете и знают, что делают, а мы должны им доверять. Но это как-то не совсем то, что мы себе представляли. Мы пытаемся подобрать слова: что они, чересчур строгие? Нет, не в этом дело. Может — они слишком на нас давят? Давят, конечно, но даже это — не главное. Они какие-то чересчур прямые и аккуратные, как эта их комната... Как их книжные полки, на которых книги стоят ровно и прямо, словно приклеенные друг к другу. Ни одной — открытой, ни из одной не торчит закладка. На письменном столе — ни одной лишней вещи. И те, что есть, тоже будто приклеенные. Ни одной картиночки на стенах, ни одного детского рисунка. Ни одного хилого цветочка в горшке. Может, они только недавно сделали в этой комнате ремонт? Еще не обжились? А, может, им — совсем такое не нужно? Главное — упорядоченность. Неужели это от того, что они историки?

В любом случае, наша русичка с ее вечным беспорядком, кошками, крашеными волосами, улыбкой, страхами, энтузиазмом милее нам в сто раз. Странно даже то, что время от времени они повторяют один и тот же вопрос: уж не собираемся ли мы на истфак? «Нет, нет, что вы! — успокаиваем мы их. — Какой истфак? (Туда ни ногой! — но это не вслух.) Мы — на филфак!»

Экзамен по истории мы обе сдаем прекрасно. Все «отскочило от зубов» как надо, как нас учили. Мне экзаменатор сделал даже комплимент — мол, прекрасная память! Она, действительно, стала лучше, может, даже гораздо лучше, чем была. Но первое, что мне захотелось сделать: забыть это дикое выражение: «Чтоб отскакивало от зубов!» Я и до сих плохо понимаю русскую историю. Кто за кем царствовал, еще, поднатужившись, могу вспомнить. Но мои представления — о ее «ходе» и «развитии» — приблизительны и, в общем, беспомощны.

А благодаря старушке с крашеными волосами и пятью кошками, пишу, как мне кажется, более-менее грамотно.

ЧЕХОВСКИЙ МУЗЕЙ И «МОСКОВСКИЙ КОМСОМОЛЕЦ»

Вообще-то, каждая из нас очень хочет поступить в университет. Обе — больны литературой, обе — пишем: Танька — стихи, я — со стихами уже завязала и пробую рассказы. Главное — поступить, потому что тогда и начнется самое настоящее. Наши представления об этом «настоящем» — смутны. Почему-то обеим кажется, что в первую очередь все студенты должны ходить в театр и в кино. Мы несколько раз попадаем на «Таганку»: очень везет — приезжаем за несколько часов до спектакля, выстаиваем очередь и нам каждый раз хватает билетов. Восторг неописуемый: ничего такого мы нигде и никогда не видели! И в кино тоже ходим, а потом часами обсуждаем «Обыкновенный фашизм» и «Гамлета». Каждая чувствует — свое, и это удивительно интересно, потому что мы, хоть и похожи, но все-таки очень разные.

Я рассказываю Таньке о Чехове, потому что ей совсем не повезло с учительницей по литературе, теткой по фамилии Козлова, которая забодала их «Ионычем», и поэтому к Чехову она больше не притрагивалась. А Танька приносит синенькую книжечку Цветаевой и читает мне вслух. Совсем не так, как Пушкина, по-другому, но все равно вся светится и мерцает, как тогда в спектакле.

Мы живем как одержимые, нас захлестывают восторги, порывы и какая-то невозможная смелость. Несколько лет спустя я и близко не буду способна на подобное. Почему я вдруг решаюсь пойти в Чеховский музей, и не для того только, чтобы побродить по залам? У меня важная цель: рассказать, как я люблю Чехова, как чувствую и понимаю его великое творчество. С лету попадаю на экскурсию, а после экскурсии, вежливо попросив разрешения, рассказываю гиду, Марии Павловне, пожилой женщине (для которой важно, что ее зовут так же, как сестру Чехова), о своей страсти. Конечно, я хочу все-все знать про Чехова!

На месте Марии Павловны я бы попросила обезумевшую школьницу написать что-нибудь в книгу отзывов, поблагодарила бы ее за внимание и пошла бы своей дорогой. Но она повела себя совершенно иначе: пригласила меня в свой крошечный кабинет, усадила, угостила чаем и стала расспрашивать: где учусь, чем хочу заниматься, почему Чехов, а не, к примеру, Толстой. И заодно — представляла всем, кто забегал к ней. Мы договорились, что я приеду через неделю, а потом — еще через неделю... Со временем, она разрешила мне называть ее МаПой (так называли сестру Чехова близкие), показала музейную библиотеку и позволила в ней рыться. Я слушала музыкальные концерты, ходила на лекции, мышкой сидела на семинарах, делала какие-то заметки, и однажды она предложила мне провести экскурсию для посетителей... Я, конечно, перепутала МХТ с МХАТом, отправила Чехова на Сахалин на год раньше. Наверняка, были еще какие-то неточности, ошибки и ляпы, но меня доброжелательно и благодушно поддерживали. Именно в музее на меня снизошло откровение: удивительная вещь — жизнь, занимаешься тем, что очень любишь, а тебе еще за это платят деньги... Вот оно — счастье! Я, конечно, поделилась этим с Танькой, и она сказала, что поняла это давным-давно.

Азарт нового, необычного, особенного, в каком-то смысле, зашкаливал: хотелось всего, сразу, сейчас! В какой-то момент Танька поведала мне, что ей рассказали про газету «Московский комсомолец», в которой можно печататься. Я удивилась, не поверила, но все-таки позвонила по телефону, который она мне дала. Боже правый, где же мы были до сих пор? Оказывается, в газете есть школьный отдел, и он приглашает школьников писать для них.

И вот я еду в «Московский комсомолец»! Станция метро Кировская, очень удачно, прямо по нашей Юго-Западной ветке, там — чуть пешком... Огромное здание, даже «Вечорка» здесь находится. Второй этаж... А вот и дверь! Так и написано: «Школьный отдел». Сердце то бьется, как сумасшедшее, то замирает, от чего кружится голова. Но я все-таки стучу в дверь и захожу в этот самый школьный отдел, который не могла себе представить: как-никак настоящая редакция! Оказывается, это — совсем небольшая комната, в ней несколько письменных столов. Большое высокое окно. На окне стоит клетка. Хочется написать — с попугаями, но все-таки — с канарейками. На стенах висят какие-то яркие бумажки, не разобрать что. Под окном за письменным столом сидит толстенький человек в очках с толстыми линзами и читает. Перед ним — никаких сомнений — рукопись: отпечатанные на машинке листы.

— Чем могу? — не поворачивая головы, спрашивает он.

— Мне нужен Борис Евсеевич... — на всякий случай смотрю в бумажку: — Иоффе! — мертвым голосом добавляю я.

Он поворачивается ко мне. Стекла очков увеличивают его глаза, они кажутся огромными, серо-голубыми, с жилочками и точечками, и черными, как будто нарисованными, зрачками. Взгляд, что называется, пронзительный.

БОРИС ЕВСЕЕВИЧ — АНГЕЛ-ИСКУСИТЕЛЬ

Борис Евсеевич — мой ангел-искуситель.

Благодаря ему я решаю, что филфак — это несерьезно, что поступать надо только на журналистику. Что я смогу делать после филфака? Работать учительницей в школе. Хочу ли я этого? Однозначно нет. Чего же я хочу? Я хочу писать, хочу работать в газете. Даже не в журнале, а именно в газете, которая стремится поспеть за скоростью жизни.

— Ты что? С ума сошла? — нападает на меня Танька, когда я рассказываю ей о переменах, произошедших в моей душе. — Это какой-то бред! Ну что с того, что тебя уже напечатали? Филфак хоть образование дает, а что — журналистика? Даже непонятно, чему там учат. Уж точно — не писать.

Кто бы мог подумать, что этот разговор (и другие — на ту же тему) рассорят нас на несколько лет, когда мы не только не будем видеться, но даже постараемся избегать друг друга. Учиться мы будем в одном здании, на Моховой, она — на втором этаже, на филфаке, я — на первом, на журналистике. Правда, она на дневном, а я на вечернем, потому что Борис Евсеевич Иоффе возьмет меня в «Московский комсомолец» на гонорар: удобная форма и для начинающего журналиста, и для газеты. Тот, кто пишет — рвется написать, как можно больше, тот, кто печатает — платит только за публикации.

Скорее всего, меня заели Танькины слова о моих первых «опусах». О чем, собственно, речь? Каждый — по пятьдесят строк! Но даже сейчас я с удовольствием вспоминаю о них. Один был о Чеховском музее, другой — о наших походах, даже помню, как он назывался — «Псковская бабушка». Оба — написаны с тем естественным придыханием, которое идет из горячей ямки под сердцем. Видимо, это и почувствовал Иоффе.

Он часами сидит за своим столом, уткнувшись в рукописи. Пока он читает, по его лицу ничего нельзя понять: одно слово — работа... Подчеркивает, ставит какие-то значки, что-то пишет. Тихий такой, спокойный человек. Со временем я понимаю, что если долго тихо, то это означает, что в общем — все в порядке, то есть он доволен. В свой черед, я должна его внимательно выслушать, вникнуть в комментарии. Всегда есть что доделать, что переделать... «И объем, не забывайте про объем, в общем, не больше двух машинописных страничек, в крайнем случае — две с половиной! Это же газета!»

Когда он очень доволен, что тоже бывает, он расплывается, как яйцо на сковородке, и блещет своей строгой, солнечной душой. От него даже можно услышать какой-нибудь комплимент, типа — справилась, поняла правильно, подобрала тон. Но если что-то совсем не так — он, не стесняясь, машет руками, стучит ногами, и слюна брызжет во все стороны. Когда такое происходит, птицы пугаются: начинают прыгать, хлопают крыльями, тревожно кричат, и мелкий пух летит из клетки во все стороны.

Думаю, мы все побаиваемся его негодования: и Саша Аронов, который со временем прославится стихотворением: «Если у вас нету тети...», и Белка Аскарова, худенькая, улыбчивая, способная всех слушать и понимать. Она — замечательный редактор, из тех, кто минимальной правкой умеет сделать из материала почти что шедевр... Еще я. А через некоторое время появится Юрочка Щекочихин, будущий мастер журналистики, человек редкой честности и таланта, которого мгновенно разглядит Иоффе. Юрочка — юн (моложе меня) и застенчив. Я рассматриваю его исподтишка: у него удивительный нос, какой-то особенной формы и нежности. Стараюсь подыскать слово. Но похоже — такого слова нет. Оказывается, он тоже живет в нашем Очаково, и мы иногда пересекаемся в автобусе или метро. Всегда приятно потрепаться от души.

Да, чуть не забыла про красавицу Стеллу, которая время от времени, после очередной разборки, считает, что наш «главный» ее вот-вот выгонит. Тогда она надевает свое самое красивое платье, умело подкрашивается, и с вызовом произносит:

«Пусть хоть посмотрит в последний раз, с кем расстается!»

Скорее всего, у каждого из нас был свой «эпизод» с Иоффе.

— В библиотеку! — взвыл он, выпрыгнул из-за стола и рванул вперед... Я едва поспеваю за ним, он — буксир, я — на канате... Зачем в библиотеку? Чтобы проверить титулы героя, то ли труда, то ли войны, который каким-то боком упоминается в моем очередном опусе о школьной жизни. Он уверен, что я что-то напутала. Но это еще полбеды: я не придаю этому никакого значения! У меня же была брошюрка, я из нее все эти звания и скатала... А теперь, оказывается, что таких — в природе не существует! Пока мы несемся по нашему длинному коридору, Иоффе так шумит, что все обращают на нас внимание, но ненадолго, потому что это вполне привычная картина. Я бегу за ним и слушаю, а что еще я могу? «Это — часть журналистской работы, — бушует он, — проверять каждый факт, каждую деталь, каждое слово, каждую буквочку! Без этого — нас нет! Черт подери!»

И он, конечно, прав! Трижды прав!

Мы все очень его любим. Ну, кричит человек, ну, неприятно, а кому приятно чувствовать себя дураком, но ведь если и кричит, то — по делу! А если что-нибудь не так, если что-то происходит, то бежать надо именно к нему, и только к нему. У нас всех есть его домашний телефон, на экстренный, так сказать, случай. Я воспользовалась им однажды, во второй раз — рука не поднялась.

На лекцию, кажется, по древнерусской литературе приходит какая-то — не наша — девушка. Это еще первый курс, скорее всего, его второй семестр. Почему-то она оказалась рядом со мной... Так легли карты. В перерыве, который длился не так долго, она успевает рассказать мне трагическую историю о том, что она здесь — по поручению своей беременной подруги, возлюбленного которой, преподавателя-историка, отбивает какая-то блондинка с вечернего журфака. Блондинкой я абсолютно не была, поэтому мой испуг испарился сам по себе. Но сострадание затопило: какая несправедливость, какое коварство, какое несчастье! Я не могу поручиться за всех блондинок с нашего курса, но за парочку — могу точно, что и делаю. Что же еще? Вид у моей новой знакомой такой загнанный, такой замученный, что я — по глазам — понимаю: вся надежда теперь только на меня. Но что я могу? Ах да, я же могу написать об этом. И я прямо вижу ее — эту большую, подробную статью про коварство и любовь! И тут — меня вдруг осеняет: в такой ужасной ситуации может помочь только Иоффе.

Я звоню Борису Евсеевичу, он слушает мою сплошную, без запятых, пробелов, с восклицательными знаками, речь и разрешает привезти подругу несчастной — сейчас же — к нему. Что я и делаю. Тем более, что он живет рядом. Мне он наливает чашку чая и оставляет на коммунальной кухне у своего стола. Они же отправляются в комнату, и я слышу их голоса. Возвращаются они очень быстро, я даже чай не успела допить, и понимаю, что надо прощаться.

— К сожалению, она (это он про меня!) — ничем помочь не сможет. Если будут еще вопросы, звоните!

Мы вместе доходим до метро. «Уплыла моя статеечка!»» — понимаю я. Зато моя знакомая выглядит притихшей. Даже как будто успокоенной. Что сказал ей Иоффе — для меня до сих пор загадка.

ФАКУЛЬТЕТ ЖУРНАЛИСТИКИ

Похоже, что я получила от жизни именно то, о чем мечтала: я занята с утра до вечера. К одиннадцати утра — какое счастье, не к девяти! — надо быть на работе. Там может ждать новое «задание». Употребляю слово, которым мы тогда все пользовались, каким бы смешным оно ни казалось сейчас. Сколько времени занимает эта моя работа? Каждый раз по-разному: может быть что-то срочное, летучка, корректура, правка, а в дополнение, разговоры в коридоре — очень, кстати, приятные и полезные. Столько всего нового узнаешь о жизни!

Если вечером занятия, то быстро — в метро, несколько остановок, короткий пробег до факультета. Мне кажется, что университетское расписание покрывало три вечера в неделю. (Надо признаться, что первые два года мне было жаль пропустить даже одну лекцию, на третьем — мы время от времени сбегали с последней и отправлялись в кафе «Космос», к шестому — в обиход вошла присказка: «Зачем мы приезжаем сюда? Исключительно, чтобы встретиться друг с другом!») Но даже в те дни, когда лекций не было, я чаще всего проделываю тот же путь, чтобы попасть в нашу распрекрасную библиотеку. (Если бы я писала о ней тогда, то, наверняка бы, поставила в конце предложения кучу восклицательных знаков: боже, сколько в ней — всего!) Мы изучаем греков, бредим мифами, читаем Гомера... Я совершенно согласна с нашей Кучборской: Гомера надо читать на коленях. Кучборскую как-то смешно называть преподавательницей. Она — богиня, Гера! Ее голос — какие вибрации, какие перекаты! К ней даже страшно приближаться, кажется, что кругом огонь и молнии.

А уж после библиотеки, если получается, можно попасть на последний сеанс в кино: перешел улицу Герцена, и, пожалуйста тебе, — наш излюбленный университетский кинотеатрик. В нем всегда показывают что-нибудь стоящее. Ну, и еще: столько новых лиц, новых знакомств, новых впечатлений! Столько разговоров! (Хорошо, если домой я добираюсь к одиннадцати.)

По преданию, на нашем факультете есть подоконник, на котором когда-то сиживал Лермонтов. Гардеробщицей (по слухам) работает внучатая племянница одного из великих писателей. Какого? Мы решили, что, скорее всего, Салтыкова-Щедрина, по внешнему сходству и ехидству. Лестницы — обиты металлическими покрытиями в противопожарных целях: все курили, как оторванные. На сигареты можно было сэкономить, купив в столовке вместо обычного обеда порцию винегрета, вкусного и дешевого, или пирожное эклер с чаем, что было еще вкуснее и даже калорийнее. (Вряд ли мама, давая мне деньги «на обед», предполагала, что часть из них идет на сигареты.)

У нас — дивный дворик, осененный памятниками Герцену и Огареву в молодости. Удобные скамейки — передохнуть, встретиться, потрепаться, выяснить отношения, показать себя. Однажды я даже слышала, как одна из студенток пересказывала «Братьев Карамазовых», видимо, перед экзаменом, собрав вокруг себя приличную толпу. Может, они просто «повторяли пройденное»?

Первые два-три года на нашем факультете преподавало много профессоров с филологического, исторического, философского факультетов... Мы как будто попали на парад звезд. У нас даже была такая дурацкая поговорка: «Легче — застрелиться, чем пропустить лекцию!» Каждый курс — поражал и вдохновлял, будь то «История древнерусской литературы», «Античка» или «Основы литерату-роведения». Мы чувствовали себя причастными к сокровенному, великому и прекрасному. И еще, конечно, кружились головы от собственной значимости.

За первые три года мы получили представление об основах гуманитарных наук. Расширились ли наши горизонты? Безусловно! А дальше? Дальше — начиналась специализация. История партии с «древнейших» времен, история газетного дела, история революционной и послереволюционной журналистики, и так далее и тому подобное... Скучно, нудно! Спасали семинары: всегда можно было выбрать что-нибудь по душе. Например: «Писатели конца девятнадцатого века», «Стилистика русского языка» или уж совсем необычное: «Ораторское искусство». И кроме этого — мы все что-то строчили.

Наконец я дождалась: «Московский комсомолец» отправляет меня в командировку. Ну, скажем, в Орехово-Зуево, в какую-то школу, зачем не помню, но все по-настоящему: и ночь в гостинице, и приветливый прием, и подробное интервью — и я надуваюсь от гордости. В другой раз — на школьную выставку рисунка и фотографии: какие-то удивительно способные дети и фантастический учитель. И я еду туда не одна, а с фотокорреспондентом. Таких проходных работ — много, одна за другой. Уже позже, я уговорила Иоффе на интервью с Новеллой Матвеевой. Он, с некоторым скрипом, но согласился. Все-таки мы школьный отдел, при чем здесь Матвеева?

— Ну как же? — удивляюсь я. — Ее все слушают, и школьники тоже! Я вот могла слушать с утра до вечера!

Новелла Матвеева гостит в Переделкинском доме отдыха. Ее согласие я воспринимаю как манну небесную. Неужели я действительно увижу ее, услышу ее живой голос? Я готовлюсь, придумываю вопросы, дергаюсь, грызу авторучку, пытаюсь найти слова, чтобы хоть как-то выразить свое восхищение. Но как только вижу ее, успокаиваюсь: она — чудесная, приветливая, доброжелательная... А еще — умная и спокойная, в общем, волшебная.

Интервью, наконец, выходит. Я держу газету в руках и перечитываю его как сумасшедшая: замечательно, почти не сократили. Всем показываю, всем надоедаю! Но где-то в наших коридорных кулуарах мне, естественно под большим секретом, рассказывают, что кто-то там из главных, хоть и решил это интервью не выбрасывать, но, вообще-то, выразил недоумению по поводу «потакания и нецелесообразности поэзии для поэзии...»

Я, конечно, удивляюсь этим странным словам: «потакание», «нецелесообразность», «поэзия для поэзии», но в конце концов решаю, что это какая-то ерунда. Во-первых, уже напечатали, о чем тут говорить... А во-вторых, голова моя занята уже несколько другим: я еду в Казахстан! В настоящий Казахстан, на настоящую целину! С газетой «Студенческий Меридиан». Это — творческая командировка, и меня прикрепляют корреспондентом к штабу строительных отрядов Московского университета. Студенты будут строить, я буду писать о них. Красота! Поэтому я смотрю только вперед, смотрю и предвкушаю.

«СТУДЕНЧЕСКИЙ МЕРИДИАН»

Из прохладной Москвы, через пару дней в поезде, мы оказываемся в жарком Казахстане. Из Целинограда, где базируется «Студенческий меридиан», я вместе со «штабом» Московского университета, переезжаю в маленький городок, больше похожий на село. Свои корреспонденции о студенческих буднях я буду писать для местной газеты и «Меридиана». До студенческих отрядов — химиков, физиков, математиков, юристов — чаще всего приходится добираться на попутках. Сначала — страшно, потом привыкаю и понимаю, что, в общем, безопасно. Разговариваю с шоферами, страдаю от пыльных дорог и жары, пробую бешбармак, поражаюсь кладбищам в полумесяцах, выносливости местных жителей, деревням, в которых говорят только по-немецки, красоте казашек... Я восхищаюсь тем, как работают студенты: и каменщики, и штукатуры, и плотники. Длинный рабочий день. Неделя — чаще всего с одним выходным, а то и без выходных. И все-таки задаюсь странными и не самыми восторженными вопросами: как долго простоят эти дома, выдержат ли они холод зим и летний зной? Будет ли работать сантехника? Успеют ли заделать щели? Впрочем, я не строитель, строителей и без меня тут хватает, моя задача — поддерживать дух и настроение. И я стараюсь.

За студенческие годы у меня был еще один такой большой выезд — на Сахалин, в город Александровск. Для местной газеты я писала тоже о студенческих отрядах, но по доброте редакторов попала на МРС-ку и увидела, как ловят промысловую рыбу, как сгружают лес, как не хватает рабочих рук... Добралась до Южно-Сахалинска; прошла по морской дороге между Александровском и поселком Хое, которая заливается во время прилива; налюбовалась дикими яркими саранками и огромными папоротниками; видела вблизи и издалека бывших заключенных; подивилась тяжкому труду местных женщин на рыбозаводе, бедности на фоне чанов с красной икрой... (И время от времени напоминала себе, что мне, как Чехову, удалось добраться до Сахалина.)

Благодаря этим поездкам я постепенно выхожу из блаженной моей инфантильности. Хорошо, конечно, быть защищенной со всех сторон: спасибо родителям! Да и в ушах по-прежнему звучит оптимистичное многоголосье, внушающее мне, что я живу в самой лучшей, самой справедливой, самой гуманной стране. Конечно, случались перегибы, но все они счастливо разоблачались. А после конца — всегда бывает начало. Оптимизм оттепели, в котором я подрастала, воспринятый мною как норма жизни, заканчивался. Начиналась другая эпоха.

ГОД – ШЕСТЬДЕСЯТ ВОСЬМОЙ!

Внешне жизнь — пока — почти не изменилась: работа, учеба, знакомства, вечные любови... Меня еще долго будет нести с такой скоростью, что аж свистит в ушах, и этот свист лишь обнадеживает и восхищает. В каком-то смысле, мне наверняка хотелось бы, чтобы так продолжалось всегда, чтобы жизнь вечно ощущалась бесконечным пиром. Признаться, и сегодня я не могу не восхититься той интенсивностью, обилием, даже если и кажущихся, открытий и откровений хотя бы потому, что судьба успела и побаловать меня, и как-то подготовить к будущему.

Темп — вот что во многом определяет мою тогдашнюю жизнь. Я научилась быстро переключаться с одного на другое: читаю книжку и делаю пометки, правлю свой текст и делаю пометки, готовлюсь к экзамену, есть еще минут двадцать — делаю пометки, ну а теперь — бежать, иначе опоздаю... И прыжки за уходящим автобусом: спасибо, остановился! Ничего ужасного — пока — в этом нет. Выручает память, способность выхватить что-то интересное и непременно умное — из разговоров, книжек, фильмов... Мы все считали себя интеллектуалами: да и вправду, как можно было что-нибудь пропустить, как не блеснуть чем-нибудь друг перед другом? Но в какой-то момент в этом восхитительном, но все-таки поверхностном бытии что-то стало меняться. Вместо кафе «Космос» и развеселого трепа все чаще хотелось поскорее поехать домой и, обложившись книгами, спокойно почитать, получше продумать курсовую, не спеша разобраться что к чему. («Взрослеешь!» — хвалила мама.)

Еще меня тянуло домой и потому, что мы сравнительно недавно получили новую квартиру из двух комнат — и у меня образовалась своя собственная, с письменным столом, пишущей машинкой, диванчиком, заваленным подушками, образующими удобное «лежбище». Даже отсутствие домашнего телефона воспринималось как благодать: иначе уйма времени уходила бы на разговоры.

Мне казалось, что после школы мой круг знакомств необыкновенно расширился. И вправду, поначалу — скорость и легкость, с которой мы встречались, начинали приятельствовать, дружить, пересекаться в компаниях, приглашаться и приглашать на дни рождения были ошеломительными. Чем больше народу, тем веселее! Широта «большого» круга определялась еще и тем, что многие из нас были студентами, и в целом мы жили «общей» жизнью: читали одно и то же, смотрели одни и те же фильмы и спектакли, обсуждали одни и те же события... Те несколько журналов, на которые стоило тратить время, передавались из рук в руки. По факультету бродили перепечатанные копии Набокова и Мандельштама, почему-то они попадали к нам, в основном, с мехмата. Уже были прочитаны и как-то переварены «Один день Иван Денисовича», «Мастер и Маргарита», «Сто лет одиночества»... На Феллини и Куросаву уже отстояли в пестрой студенческой толпе. Анук Эме уже поразила своей красотой и смелостью в «Мужчине и женщине». И всем все нравилось.

Но со временем этот шквал знакомств, встреч, больших сборищ замедлился. Возникла потребность не только в «большом» круге, завязанном на общности интересов, но и в «малом», основанном на общности взглядов. Вторжение в Чехословакию в шестьдесят восьмом серьезно поспособствовало нашему взрослению. Вдруг оказалось, что сочувствуешь не «доблестным и миролюбивым» советским воинам и их грозным танкам, а тем чехам, которые как-то пытаются сопротивляться нашей могучей державе. И в голове, и в душе — что-то вроде оторопи: почему, зачем, как можно?

В кулуарах, в редакции, на факультете возникают стихийные обсуждения. Одни уверенно говорят, что можно и нужно только так, другие — что именно так ни в коем случае нельзя. Были и третьи, и четвертые, и пятые, которые вставляли отдельные слова, и те, которые молчали и не встревали, и те, которые быстренько линяли, услышав слово «Чехословакия». Происходило что-то непонятное, такое, что кожей чувствуешь, а объяснить толком не можешь. В одном из таких — общих — разговоров кто-то пошутил: «Я от вас отмежовываюсь, как Ленин, Вы мне — больше не товарищи!» Но, «отмежевание», вернее так — «размежевание», действительно происходило.

Как известно, все устроены по-разному: я знаю немало людей, которые, встретившись два раза и перекинувшись пятью предложениями, уже считают себя приятелями, а то и друзьями. Не могу сказать, что мне это совсем не нравится, но у меня — так — редко получалось. Скорее, я медленно и долго «входила в контакт». Может, у меня был настрой, заданный в былые времена Танькой, которая как-то изрекла: это только кажется, что мы все время живем в толпе, а на самом деле, проводим жизнь всего с несколькими людьми. Своя правда в этом есть.

Конечно, молодость активна, поэтому приятельских связей и у меня хватало, дружеские же случались гораздо реже. «С лету открыть душу», как это было принято в наших веселых, несколько экзальтированных журналистских кругах, у меня почти не получалось. В этом не было осторожности: скорее, очевидная для меня самой необходимость время от времени помолчать и побыть одной. Конечно, до тех пор, пока все не вспыхивало горячим огнем: тут даже поленьев не надо было подкладывать.

Постепенно на факультете у меня образовалась маленькая компания «своих», в которой я чувствовала себя спокойно и легко: «несколько юных дев» и красавец Мишка Смирнов. Мишка нами командовал, но понемножку. Кажется, это он предложил, чтобы события в Чехословакии стали лакмусовой бумажкой для тех, кто захочет присоединиться к нам, к нашей «компашке». Разногласий по этому поводу не возникло. В остальном — мы, конечно, и спорили, и ругались, и выясняли отношения, но так, как могут делать близкие люди. Мы потихоньку набирались ума. Каждый из нас уже не осознавал себя центром мироздания, и восторг по поводу собственного величия — как же, как же: факультет журналистики, работа в газете! — сменялся куда более насущными размышлениями. Не помню, когда в первый раз я прочла Гроссмана, но чтение это закончилось для меня бесцельными блужданиями по Москве. Шла и шла, никого вокруг не видела, бестолково толкая прохожих. Подобное же случилось — позже — и с Шаламовым: тут я, правда, была дома, и, не понимая куда себя деть, накрылась с головой одеялом и так и лежала.

НЕДГАР

Кажется, Гроссмана дал мне Недгар. Познакомились мы в каких-то гостях, но услышала я о нем гораздо раньше и уже знала, что он поэт, что «Георгий Недгар» — его псевдоним, с которым он сросся. Звучало, действительно, великолепно. Но для кого-то он оставался Юрой, Юрочкой, для кого-то — Юрой Виленским... Правда, скорее всего, так обращались к нему очень старые знакомые. Печататься он начал лет с восемнадцати, в Париже, у Георгия ИвАнова. Само по себе — это уже было интересно. Но поскольку в те времена я почти ничего не знала о Георгии ИвАнове, то, скорее всего, кивнула головой: мол, как же, как же, конечно, Париж, конечно, ИвАнов!

Разглядывала Недгара я исподтишка, с возрастающим любопытством, уж слишком необычно он выглядел: какая-то, как будто вельветовая, невиданная рубашка, шелковый шейный платком «в цвет», который он время от времени поправлял рукой, на пальце –серебряный перстень с прозрачным коричневым камнем, на ногах — сапоги почти что до колен, украшенные бахромой...

Вот так и ходил он по Москве — в этих странных, необычных сапогах, с тростью с блестящим набалдашником, с перстнем на пальце. Ему не помешал бы еще и цилиндр, но трости, сапог и перстня было вполне достаточно, чтобы никак не вписываться в окружающее пространство. В метро на него глазели, а когда он шел по улице, с высоко поднятой головой, без шапки — это по московским-то морозам! — ему уступали дорогу, видимо, принимая за иностранца. (Вызов и надрыв переплетались в нем, чего было больше — сказать трудно.) Впрочем, он и был иностранцем — в родном своем городе, в стране, которую именовал «Совдепией». Что тут поделаешь, так уж получилось: «угораздило родиться»! Но, конечно же, в русской культуре, которую он знал, любил и чувствовал, был он совершенно своим.

Жил он на Преображенке, в большой квартире, с мамой и бабушкой. Бабушку, мне кажется, я никогда не видела. Она была уже очень старенькой и, в основном, лежала. Определить мамин возраст я не могла: иногда она казалось молодой, такой она была подвижной и быстрой, иногда — почти старушкой, посеревшей и поседевшей. Она отличалась особенной приветливостью, чуть-чуть церемонной, отдававшей другим веком. До этого, по рассказам Недгара, они теснились в коммуналке и с трудом сводили концы с концами. Наследство, полученное от парижского дяди-ювелира, невероятно изменило их жизнь. Почему-то история с наследством ничуть не удивила меня, как будто это было самое разобычное по тем временам дело. С таким же успехом он мог бы рассказать мне, что нашел клад на необитаемом острове, и я бы ему поверила, потому что такое — могло случиться именно с ним и, в некотором смысле, только с ним. Как-то он упомянул, что и в детстве, и в ранней юности он мечтал волшебно разбогатеть, считая, что деньги могут — все. «Это оказалось совсем не так!» Почему-то я запомнила и печаль, и разочарование в его голосе. В другой раз он назвал себя лакомым куском для Совдепии, имея в виду «пенки», которые «слизывались» с его наследства. Этих денег уж точно было жаль: они — не просто выбрасывались на ветер, а еще и поддерживали «систему».

Судя по всему, никаких обычных мечтаний, которые случаются у молодых людей, у него и в помине не было. Он с некоторым недоумением относился к тому, что я учусь в университете: мол, образования — никакого, а потерянного времени уйма. А уж про газеты, журналы и прочие «печатные органы» и упоминать не стоило. Ему было бы гораздо приятнее и несомненно полезнее, если бы я работала в книжном магазине, к примеру, в отделе художественных альбомов. Конечно, школу ему закончить пришлось, и он даже пристроился в какой-то театр рабочим сцены. Но ненадолго: опять-таки, выручило наследство. Антисоветчиком он стал, судя по всему, с первой же публикации «за бугром» и подтвердил свой статус стихами, печатавшимися не только в Париже, но и в самиздатовских рукописных журналах.

Знакомых у него было много. Именно у него я встретилась с Оскаром Рабиным, талантливым неофициальным художником, уже хорошо известным, а впоследствии ставшим очень знаменитым. Недгар восхищался его работами. Одна — висела в его гостиной. На сером мрачном фоне — бутылка водки, граненый стакан и селедка, лежащая на газете «Правда». Эти «атрибуты современного существования» были прописаны мастерски. Из газеты же был сделан коллаж: часть нарисованная плавно переходила в кусок настоящей «Правды», вделанной в холст (я очень надеюсь, что правильно запомнила детали этого шедевра). Казалось ничего не стоит протянуть руку и ощутить холодный бок бутылки, наклонить ее и услышать бульканье льющейся водки, втянуть ноздрями пряный запах селедки... Вместо салфетки оторвать кусок «Правды», вытереть руки, скомкать и выбросить его, постепенно погружаясь в серую мрачность затягивающего пространства. Недгар часто и подолгу рассматривал эту работу. Ощущение было такое: с одной стороны, он не может оторвать от нее глаз, с другой — страшно гордится, что владеет ею.

Кто-то рассказал мне, что Недгар дружил с Амальриком, и как мог помогал ему. Я пыталась разговорить его, чтобы хоть что-то узнать об авторе великой книги «Просуществует ли Советский Союз до 1984 года», предсказание которой сбылось, но позже и не совсем так, как автору представлялось. Но все-таки сбылось! И Недгар что-то рассказывал, но как-то очень сухо. Амальрика недавно арестовали, и арест этот был для него, как я додумалась позже, занозой в сердце. У меня на глазах он страшно переживал смерть Жени Рухина, ленинградского художника, который сгорел в своей мастерской. Недгар прекрасно понимал, что поджог — дело рук гэбэшников. Он и сам чувствовал, что за ним «ходят», что «неусыпное око — бдит». Перед приездом Никсона в Москву за ним началась охота. «Хотят посадить в психушку!» — объяснил он. К счастью, ему удалось удрать и спрятаться в деревне, на чьей-то даче. И вправду, мало ли чего мог вытворить этот безумец, православный диссидент с отвязанным языком!

Недгар был всего на несколько лет старше меня, но тогда эта разница казалось значительной. Я часто с открытым ртом слушала его: он рассказывал, почему меньше ценит Гумилева, чем Мандельштама, почему Андрей Белый — гений всех времен и народов, а Цветаева — прекрасна своей стихийностью, но именно она ее часто губит... Он много читал, с удовольствием мотался по букинистическим, тщательно подбирая свою библиотеку. Помню с какой, даже несколько преувеличенной, осторожностью он доставал книги с полки, как-то их оглаживал, открывал, проводил по странице рукой, как будто здоровался.

Вообще-то, у него была страсть к коллекционированию: он мог позволить себе собирать финифть, картины, а однажды решил показать свое заветное воздушное стекло: какие-то пузырьки, колбочки, причудливые вазочки. Но прежде, чем достать их из глубин закрытого шкафчика, вынести на свет и поставить на стол, он должен был освободить комнату... от кошек. Дело в том, что он часто подбирал на улице бездомных кошек, которым в его квартире многое позволялось: бродить по дому, спать, где хотят, прятаться по углам. Иногда, ни с того ни с сего, какая-нибудь кошка, испугавшись неизвестно чего, могла ошалело запрыгнуть на стол и понестись вперед, все сметая на своем пути.

«Стеклом» Недгару очень хотелось похвастаться, да и самому им понаслаждаться, но обидеть кошек он тоже никак не мог, поэтому вежливо упрашивал их «покинуть помещение». Заняло это уйму времени, так долго он с ними нежничал. Признаться, я даже устала от всей этой возни, может поэтому, пузырьки и вазочки не произвели на меня должного впечатления. Собак он тоже подбирал, но кошек любил гораздо больше: их загадочность и свободомыслие восхищали его. Он с удовольствием брал их на колени, гладил, разговаривал, как будто выведывал тайное.

Наверное, стоит упомянуть, что он был красив: особенный разрез глаз — какой-то персидский, откуда только? Черная густая шевелюра и светло-голубые глаза — контраст, который мгновенно поражал. Аккуратная бородка, за которой он тщательно следил. Он не любил свою улыбку, считал, что она досталась ему от другого человека, чересчур мрачного... По этому поводу он как-то высказался: «Ну и что же мне теперь, не смеяться, что ли? Да это просто смешно!» Тут надо знать, что он обожал пирушки, пиры, вечеринки и на этих сборищах расходился как мог: «освежался», «тянул руку», то есть, взяв рюмку, сгибал локоть и оттягивал его изо всех сил в сторону, а потом гусарским движением вытянутой руки, опрокидывал ее... Совсем забыла сказать, что друзья так и звали его — Гусаром.

Конечно, он любил и умел производить впечатление, но для этого ему не нужно было лезть вон из кожи: одно-другое стихотворение, удачно вставленная реплика, шутка, анекдот... Парадоксальный ум, наблюдательность, природная элегантность часто делали его центром внимания. Но веселье вполне уживалось в нем с меланхоличностью и грустной сентиментальностью, взрослая проницательность — с детскими капризами, искренняя восторженность — с искренними разочарованиями. Он не мог не нравиться женщинам, но и сам был и влюбчив, и романтичен. Недгар вдохновлялся, когда встречал очередную Музу и страдал, когда охладевал к ней. Или она, не дай Бог, покидала его! И то, и другое было для него травмой. Он переживал, маялся и писал стихи. Я никогда не видела, как он их писал: бродил ли по комнате из угла в угол, шевелил ли губами, повторял ли вслух... Но я часто перепечатывала уже записанное и отредактированное им. Почерк у него был мелкий, как мне казалось, нервный, настороженный, не всегда понятный. Из этих перепечаток он составлял небольшие «сборнички» и с удовольствием раздаривал.

Из моего сегодня мне кажется, что я совсем не долго была его «подружкой», но тогда время текло совсем по-другому. В один прекрасный день я решилась и сообщила ему, что выхожу замуж. «Когда ж ты успела?» — удивился он. Конечно, он написал по этому поводу стихотворение, как мне показалось, очень странное: «Венчальной скатерти сиянье — все, что осталось от тебя...» Кажется, я фыркнула и тут же его забыла, о чем сейчас очень сожалею. А через некоторое время мы встретились в гостях, и он пришел с очаровательной девушкой, которая как раз работала в книжной магазине в отделе художественных альбомов. Мы дружили с ним и его подружками до самого нашего отъезда в Штаты. Одному из первых я рассказала ему о нашем возможном отъезде, в который мне очень слабо тогда верилось. К моему удивлению и, признаться, неудовольствию, он счел этот план вполне благоразумным. Сам же — об эмиграции он даже не заикался.

Последний раз мы увиделись с ним на наших проводах, 12 января 1980 года. В общей кутерьме, где яблоку негде было упасть, меж слез, объятий, разговоров и пожеланий, я краем глаза ухватила и краем уха услышала, как он привлекал к себе внимание молодой красотки.

— Над чем вы сейчас работаете? — робко спросила она его. Видимо, уже знала, что имеет дело с поэтом.

— Исключительно над Вами! — галантно ответил он.

Странно, но почему-то я запомнила это.

Эмиграцию я восприняла как отъезд в небытие. По сути, в это время она так и была устроена: резали по живому, с победным рассказом, что таким предателям, как мы, никогда больше не увидеть покинутой Родины и оставшихся в ней близких.

Одна жизнь кончилась, а началась ли другая — я не очень чувствовала и понимала. Но как-то била лапками, помните про лягушку, которая попала в горшок со сливками? Я никому не писала, только очень редко разговаривала с папой по телефону.

При первой же возможности — началась перестройка — помчалась в Москву. Шел восемьдесят седьмой год. Наша группа добиралась до матушки-России каким-то невероятно сложным путем: сначала самолетом в Германию, потом — на автобусе — переезд через Альпы в Австрию, опять самолетами из Австрии в Ленинград, и из Ленинграда в Москву. В Москве нас, иностранных туристов, поселили в гостинице, пришлось тратить драгоценное время и приезжать туда отмечаться. «Зачем?» — спросила я. «Таковы правила!» — лаконично объяснил администратор. Московская неделя пролетела как несколько часов. Все эти дни я была с папой, с моей тетей и ее мужем, прилетевшими из Молдавии; на какие-то считанные часы, похожие на минуты, встретилась с Ленкой и Танькой.

А к Недгару не успела, не собралась...

Он покончил собой в восемьдесят девятом году, о чем я узнала еще спустя несколько лет.

И долго ходила как громом пораженная.

РАБОТА КАК РАБОТА

Впрочем, я опять забежала далеко вперед. До нашей эмиграции еще очень далеко: лет восемь.

Я все еще учусь на своей журналистике, но это — последний год. И как последний год в школе был утомителен и тягуч, словно высосанная ириска, так и этот казался лишним и ненужным.

Уже где-то года два, как я покинула «Московский комсомолец» и перешла в многотиражку на швейной фабрике «Радуга», прельстившись зарплатой и обещанной мне почти полной свободой. На «Радуге», где шили модные в то время плащи-болоньи, решили открыть собственную газету, с прицелом на огромный женский коллектив. Понятно, что там в основном работали женщины самых разных возрастов — от юных, только что закончивших школу, до бабушек, готовящихся выйти на пенсию. Помимо нужных передовиц, освещающих производственные задачи, достижения и цели — их писал мой начальник, главный редактор, в ней еще печатались лирико-психологические статьи о женских судьбах. Их уже сочиняла я, единственный сотрудник. Судьбы, естественно, были разные, часто сложные и запутанные, а не только передовые и ударные, но именно такие — вызывали, что называется, читательский интерес и отклик. Не то чтобы ко мне стояла очередь из желающих поделиться своими жизненными перипетиями, но непридуманных историй, хватающих за сердце, оказалось немало. И я писала — о материнстве и долге перед детьми, ответственности в семейной жизни, воспитании чуткости к старшему поколению и воспитании чувств... О том, в чем сама не очень разбиралась, но вдохновлялась уверенностью и мудростью чужого, уже пережитого, опыта. Написать о том, какие мужики — гады и как они портят нашу бабью жизнь, мне так и не удалось. Не успела.

Дело в том, что на «Радугу» я регулярно опаздывала, минут на десять, ну, пятнадцать — не больше. И все из-за этих автобусов, которые как хотели, так и ходили. У меня была даже утренняя молитва, чтобы случилось чудо: помоги, пожалуйста, помоги, сделай так, чтобы я подходила к остановке, а через минуту бы появился автобус... Ну хорошо, пускай не через минуту, можно и через десять, и даже пятнадцать, но — не через сорок же! Какое счастье, что хоть метро работает бесперебойно. И вот, каждый раз когда я вбегала, как ошпаренная, в проходную, меня уже поджидала аккуратная девица с конторской книгой и карандашом в руке, и она с победной улыбкой фиксировала мое опоздание. Это была ее работа, которую она выполняла с удовольствием.

Десять минут не играли никакой роли ни для меня, ни для газеты, ни для многотысячного коллектива фабрики, но я была «нарушительницей трудовой дисциплины», и время от времени со мной «серьезно беседовали»: то мой главный редактор (а что ему оставалось?), то какая-нибудь административная единица, а один раз аж сам директор фабрики. Ему — я даже дала клятву, что исправлюсь. И, может, я бы и исправилась, но тут возникло место в журнале «Театральная жизнь», правда, временное, кто-то там то ли болел, то ли рожал... Поскольку на проезде от дома до журнала я экономила чуть ли не двадцать минут, да и начинали они не в девять, а в десять, то я быстро согласилась.

В «Театральной жизни» — пока я ни черта не понимала, мне даже очень нравилось. Там было такое золотое правило: чуть ли не раз в две недели нужно было ходить в театр, а потом на летучке отчитываться. Билеты обычно заказывала секретарша. Пока я пересматривала «Синюю птицу» и «Мертвые души», или еще что-нибудь старое, классическое — все было в порядке. Я восхищалась, и меня вроде как одобряли. Но в тот сезон в качестве обязательной программы был спектакль в театре Пушкина о Николае Островском. Жуткая и величавая мура. И я пошла, и посмотрела, и отчиталась. Это был даже не конфуз, а крах. Кто-то из сердобольных чуть ли не шепотом объяснил мне потом, что сие произведение — гвоздь сезона, от которого «все писают кипятком». Я попробовала хоть как-то исправить ошибку, сказав секретарше, что пойду и посмотрю спектакль еще раз. Ну что делать, если я такая дура и ничего не поняла! «Теперь, милая, за свой счет!» — добросердечно объяснила она. Намерения мои были смутны, но очевидно, что смотреть сей «гвоздь сезона» я не рвалась. Конечно, я надеялась, что мой «крах» забудется, все-таки я еще студентка, могла и ошибиться! Но когда кто-то из главных с многозначительной расстановкой спросил меня: «Ну, что? Наконец? Посмотрела? Еще раз? Правда ведь, великолепно!?» — я поняла, что здесь «даже стены имеют уши!» И тут же соврала: конечно! И руками выразила свой неизбывный восторг.

Удивительно, что я совсем не так мало накатала тогда для этого журнала. Сначала меня проверяли — могу ли придумать 10 заголовков к чужой статье, потом — отредактировать короткие заметки, а уж потом доверили интервью, которые должны были быть написаны «четко и ясно». О чем они были и с кем — совершенно не помню. Кроме, пожалуй, одного, из самых последних, с Рындиным, великим театральным художником. И при первом же появлении то ли выздоровевшей, то ли уже родившей сотрудницы, меня «по собственному желанию» освободили от занимаемой должности.

В этом было множество плюсов: наконец, появится время, отосплюсь, сосредоточусь на дипломной работе, как-то подготовлюсь к экзаменам, в конце концов, что-нибудь напишу... Но и один — чрезвычайно серьезный — минус. Студенты-вечерники должны регулярно приносить справку с места работы. А работы — нет. И ее нужно было срочно найти. Так я попала, признаться, по большому блату, в издательство «Советская Россия», младшим редактором.

БАНКА С КЛЕЕМ

Меня усадили за стол, дали банку с клеем, кисточку, ножницы, скрепки и объяснили, что я буду делать. Оказалось, что младший редактор занимается тем, что обрабатывает уже отредактированные рукописи. Сначала изучает редактуру, а потом печатает на пишущей машинке нужные вставки, слова, запятые и тире, вырезает их и заклеивает внесенную от руки правку, то есть, готовит будущую книгу к сдаче в производство. Момент — очень ответственный, поскольку все расписано не просто по дням, а по часам, и любое промедление подобно смерти. Признаться, такого я совсем не ожидала. Впрочем, чего я там ожидала, я и сама не знала. Главное ведь — справка.

Печатать на машинке я умела вполне сносно, но вот ножниц боялась, как огня! Еще со школьных уроков труда, когда мои так называемые выкройки для трусов и фартуков, выходили самыми косыми и кривобокими. Представить себе, что можно совсем ровно обрезать края вокруг предложения или слова, набрать — на глазок — столько клея, сколько нужно, и ни каплей больше, чтобы не замазать страницу, я не могла. Не помню сколько времени ушло на то, чтобы выполнять эту работу «по-человечески», но думаю, что не мало.

Из нескольких лет, проведенных в издательстве, помню совсем немного: постоянную спешку, как будто что-то горит; ножницы, которые у меня постоянно исчезают; мои причитания и угрозы по этому поводу, пока не догадалась прятать их «под ключ» и носить его «у сердца». Помню, как меня чуть не исключили из комсомола, потому что я долгое время не платила взносы. На комсомольском собрании за меня заступились девчонки, работающие корректорами, с ними я познакомилась «на картошке», где мы провели то ли неделю, то ли две. Они пообещали, что я исправляюсь. «Она полна энтузиазма! — заявила одна из них, и все остальные громко ее поддержали. — Видели бы вы, как она собирала картошку в колхозе, совсем по-комсомольски!» И, действительно, обошлось... И взносы пришлось платить не в райкоме, где меня еще долго бы стыдили, а прямо в издательстве, на счет «раз» и «два»...

Но, пожалуй, самым невероятным был другой эпизод. Вскоре после комсомольского собрания ко мне подошел заведующий нашим отделом и спросил, нет ли у меня знакомой, которая хотела бы работать в «Новом мире»? «И еще... Такой, чтоб с комсомолом у нее все было в порядке!»

— Есть! — ответила я, не задумываясь, и сразу позвонила Таньке. И тут же ей позавидовала: все-таки «Новый мир»!

ПЕРЕМЕНЫ, ПЕРЕМЕНЫ...

Мы с ней уже давно помирились. Произошло это как-то само собой. Столкнулись однажды лицом к лицу еще на нашем университетском «психодромчике»... Сделать вид, что не узнали друг друга было как-то глупо, и мы разговорились. Тот интерес, который я испытала к ней, а она ко мне — достоверно продемонстрировал, что наша связь не распалась. Наоборот, мы очень соскучились друг по другу.

Танька успела закончить филфак и выйти замуж.

Я с большим интересом наблюдала, как рос ее живот. Сначала гуляла с ней под ручку и все спрашивала, что она чувствует, происходят ли с ней какие-то невероятные перемены, о которых я совершенно ничего не знаю и даже не могу предположить? Прикладывала время от времени руку к ее животу: вот это да, ребеночек там не просто шевелится, а прямо брыкается! Чудеса какие-то! 0

Потом мы вместе сносили тяжелую коляску со ступенек в подъезде: в ней спал ее сын и мы очень боялись его разбудить. Основными помощницами у нее были две бабушки, да и мама все-таки была под боком... Поэтому Танька уже подумывала о работе. И тут, пожалуйста, такое вот везение!

Жизнь никогда не творится в одной плоскости. Конечно, я была занята своим: кропала диплом, боролась с клеем и ножницами в издательстве, попробовала — неожиданно попросили — написать рецензию на детскую книжку, слушала литературные экспромты Недгара, успевала — не на все, но на какие-то вечеринки... Но бывают вещи, которые — раз! — и случаются, а как они творятся и происходят — не всегда понятно. Однажды я попробовала объяснить Таньке, как вышла замуж: «Мы просто взялись за руки и пошли...» В каком-то смысле так и было.

Мы поселились в моей комнате, и первое, что сделали — купили проигрыватель и кучу пластинок, и еще — мой муж соорудил лампу из пузатой заграничной бутылки зеленого стекла, которая создавала загадочный мерцательный свет, очень подходивший к нашим тогдашним настроениям. Почти весь наш первый семейный год продолжалась романтическая феерия: мы расставались с вечера каждого воскресенья до вечера пятницы.

Он, мой муж, уезжал в Черноголовку, где заканчивал свою физтеховскую практику, а я — в понедельник утром, слегка разлепив глаза, отправлялась на работу, не забыв произнести утреннюю автобусную молитву.

Поскольку все студенческие годы я жила с мамой-папой, да еще и работала, то почти никаких домашних обязанностей за мной не числилось. Готовить толком я не умела да и не любила, жалко времени, которого и так не хватало. Мама была необыкновенной чистюлей, и время от времени, отвечая на ее мольбы, я разбирала завалы на собственном письменном столе. Иногда забегала в магазин, купить хлеба. Рядом с нами открылась булочная, и нести горячий батон, отщипывая от него по кусочку, было особенным наслаждением.

После окончания университета жизнь моя не особенно изменилась. Я — дома, с родителями. Мы теперь и видимся даже чаще. Правда, выходные у меня проходят бурно, весело и необыкновенно быстро, так что не до рецептов и полезных советов начинающей хозяйке. Интересно, что мама поддерживает меня: «Придет время — научишься!» Она абсолютно уверена, что от домашних забот никому не отвертеться, а хлопотливая их премудрость не так уж велика. И поэтому, пока есть возможность — пользуйся! Живи и пой! И я — пользовалась... Более того, мне даже казалось, что по-другому и быть не может! А как же еще?

И все-таки, мне необыкновенно повезло, что мама была рядом, когда у меня родилась дочка. Как хорошо, что она, пока я лежала в роддоме, нашила марлевых подгузников, и их иногда хватало на два дня. Какое счастье, что она давала мне часок поспать днем, отправляясь с ребенком на прогулку. Какое везение, что она знала и понимала меня. И, сохраняя серьезность, зачитывала список вопросов, который мы с мужем составляли для приходящей медсестры. Один ее особенно умилил, прямо до слез: «Почему она, то есть девочка, как только ее распеленают, все время дрыгаете ногами — туда-сюда?» — «Как почему? — удивилась мама, — вам и медсестра для этого не нужна, я сама отвечу: она живая!»

ВЗРОСЛАЯ ЖИЗНЬ

Но время хозяйничать пришло, вернее так: оно — обвалилось! На меня, на нас.

Ребеночку было месяца два, когда мы переехали в собственную квартиру. (До сих пор развожу руками — от удивления, восторга, благодарности... Бывает же такое: тут уж повезло так повезло!) Купили ее, конечно, «скинувшись», если так можно выразиться, наши — мои и мужа — родители. Даже бабушки и дедушки как-то поучаствовали. Это был кооператив какого-то загадочного исследовательского института рыбного хозяйства, в который нас почему-то приняли.

Ночные стирки, глажка подгузников, непременно с двух сторон, ныряние на дно сна, из которого тебя вытягивает детский плач, что означает — кормление, вздутый животик, режущиеся зубки и еще что-то, с чем сталкиваешься в первый раз в жизни... Беспрерывное мытье полов, потому что сначала ребенок маленький и ему нужна чистота, потом — потому что ребенок подрос и начал ползать, а еще потом, потому что ребенок должен расти в чистоте. Выручала лоджия: дочка спала на свежем воздухе и за это время можно было успеть еще что-нибудь героическое, например, почистить картошку или сварить кашу. А уж если я вытаскивала коляску на улицу, что было делом непростым — коляска тяжелая, ступеньки в подъезде крутые, то планировала еще запрыгнуть в магазин: двести грамм масла, триста — колбасы и сыра А летом и осенью встать в длинную очередь в овощной «павильон», как торжественно назывался наш ларек. Снизу к коляске была приделана сетка, на которую можно было сгрузить сумки с картошкой, капустой, морковкой и прочими сезонными радостями, и это было необыкновенно удобно. В очереди можно было даже как-то почитать... Нужно отметить, что способность за единицу времени успевать сделать сразу несколько дел, превращала нас всех, молодых мамаш, в Юлиев Цезарей. Признаться, в этом был даже своеобразный азарт.

Дочку удалось продержать дома до полутора лет и торжественно отправить в детский сад. Волшебным образом подошла наша очередь в новый, только что открывшийся детский садик в двух минутах ходьбы от нашего дома. И сразу же началась жизнь, что называется, «в полете». Утром летишь на работу, потом — с работы, приземляешься и — тут же, с ходу — опять что-то срочное и неотложное. Мы с мужем как-то управлялись, но мне всегда было стыдно перед воспитательницей детского сада, когда вечером я опаздывала на мои заколдованные десять-пятнадцать минут. Довольно часто нас выручала соседка-волшебница Валя. Она была на инвалидности из-за операций на сердце. Приветливая, улыбчивая, ласковая, пригожая, она обожала детей, и уж если ей выпадало счастье забрать нашу «красулю» из садика, то она старалась сделать это пораньше. Да еще и накормить ее ужином вместе со своими: мужем Колей и сыном Данилкой. Конечно, для нас — это был крайний случай. У Вали хватало забот. Но именно она — так, между прочим — стала моей «энциклопедией молодой хозяйки». Как-то без всякого напряжения, по-соседски, она научила меня квасить капусту, варить быстрый суп, печь простые пироги и даже приобщила к вязанию.

Обычно в детском саду первые недели две, а то и три, дети, когда их там оставляешь, горько и громко плачут, так что сердце разрывается, и приходится бочком, как-то по-воровски, оттуда выскакивать, отчего всегда стыдно. А потом, попривыкнув, дети плакать перестают, но начинают болеть. Мы ни в коем случае не были исключением. Возможность остаться с больным ребенком дома (вот оно — чудо социалистической системы!) было великим благом, но, как известно, и «палкой о двух концах». На работе, мягко говоря, бюллетени не приветствовались.

В издательстве мне доверяли, не часто правда, написать рецензию на рукопись и кое-что отредактировать, но не стоило даже мечтать о редакторской позиции. Ее не было, нет и не будет, ни в каком обозримом или необозримом будущем. Тем более, когда выглядит так, что работаешь через пень колоду, и сколько это будет продолжаться, никому не известно. Ничего не поделаешь, дети болеют! (В какой-то момент я и сама подхватила ветрянку, заразившись от дочки. На ней, к счастью, было две-три вспухшие точечки, на мне — море волдырей. Их надо было смазывать зеленкой, чтобы они не чесались и быстрее подсыхали. Этим занялся мой муж, и не без творческого горения. В те дни я не часто смотрелась в зеркало, но однажды, глянув, обнаружила мушкетерские усы, которые лихо закручивались на щеках, а на спине, по преданию, у меня выросли крылья.)

В общем, получалось так, что толком я и не работала, и домом не занималась.

Мои родители помогали нам, как могли: особенно если учесть, что оба работали. Они приезжали к нам почти каждую субботу. Из Очакова в Чертаново на автобусах в одну сторону — часа полтора. Конечно, можно и на такси, но все-таки не каждый раз. Они привозили синих кур, которых «доставали», как и все, простояв в длинной очереди. Тут же хватали внучку и отправлялись на прогулку. К их возвращению я успевала сварганить простой обед, а после него мама еще отмывала плиту, потому что «чистая плита — чистый дом» (смешно сказать, но я до сих пор в это верю). Впрочем, время от времени я мечтательно произносила: хорошо бы, чтобы ребенку — раз! — и исполнилось семь лет, а то и сразу десять. «Не торопи время, ты ведь тоже будешь на десять лет старше!» — советовала мама, но тут же начинала беспокоиться, задавать вопросы: все ли в порядке, как быть и что делать? В общем, плакаться родителям было довольно опасно: слишком близко к сердцу они все принимали. Но время от времени очень хотелось. И достойный выход был найден: я плакалась Таньке.

Она успокаивала меня и говорила, что так — у всех, что с каждым месяцем будет легче, надо только набраться терпения. Однажды, позвонив и выслушав все мои всхлипы, она перешла к делу. Удостоверившись, что ребенок ходит в сад и даже, кажется, меньше болеет, она спросила, готова ли я уйти из издательства?

— И что дальше? — поинтересовалась я.

— А дальше вот что... У меня теперь есть возможность заказывать интервью.

Да, я знала, что уже больше года она работает в журнале «Искусство кино», что много пишет сама, а теперь еще и редактирует, и даже — вот, пожалуйста! — может давать работу. «Послушай, пишешь ведь дома, — объясняла она, — значит, ты не будешь тратишь кучу времени на дорогу. Вот уже экономия! Теперь, ну сколько может длиться интервью? Максимум часа три, а не те семь, которые ты должна отсидеть в издательстве, занимаясь неизвестно чем. Потом, у нас — журнал, а не газета; конечно, есть сроки, но всегда можно к ним приладиться. В крайнем случае, не поспишь ночку. Да, я думаю, что со временем ты сможешь зарабатывать столько же, сколько в издательстве, а, может, и больше. Но зато с первого дня будет интересно!»

И я решилась. Не то, чтобы я провела в страшных мучениях несколько дней и ночей, и всех подряд спрашивала, что делать? Но все-таки я воспользовалась бабушкиной опробованной «методой». Вечером ложишься спать с «посланием» к самой себе, мол, есть задачка, надо ее разрешить. А во сне ответ приходит как бы сам по себе. Утром остается его только произнести. Короче, утро вечера мудреней! Но есть еще один секрет: уж если что решила, то ходу назад — нет!

Почувствовала ли я облегчение? Да, причем сразу же. Не то, чтобы я купалась в свободном времени, но у меня пропало ощущение, что земля вот-вот развернется под ногами. Я научилась лучше планировать день и поэтому больше успевала. Мне приходилось много читать, что было частью подготовки к интервью, просматривать и пересматривать нужные фильмы, а иногда и спектакли, ведь многие актеры снимались в кино — «еще», а работали в основном в театрах. (Признаться, тут мне пригодился мой опыт в «Театральной жизни» — куцый, но все-таки опыт.) Танька оказалась права — мне было очень интересно, и на фоне охватившего меня вдохновения — стирка, уборка, готовка оказались вполне приятными занятиями, даже в каком-то смысле разнообразящими жизнь.

«ИСКУССТВО КИНО»

Журнал «Искусство Кино» по тем временам был одним из немногих либеральных журналов. Пропорции «необходимого» и настоящего каким-то образом, удавалось отмерять разумно и со вкусом. «Рамки», конечно, предполагались, но они были широко раздвинуты, отчего всегда находилось что почитать и над чем подумать.

Моя Танька, для сотрудников — Таня, официально — Татьяна Олеговна, вела рубрику «Беседы за рабочим столом»: интервью с актерами, режиссерами, сценаристами... Они могли «прилаживаться» к какому-то особенному событию — только что вышедшему фильму, особенно удачной роли; могли выявлять важные вехи творческой биографии с неожиданными реминисценциями и внезапными откровениями; могли сосредотачиваться на вопросах теоретических.

Этих «бесед» — более или менее удачных — набралось у меня немало, но запомнились только любимые, а их можно перечесть по пальцам: с Львом Дуровым, Верой Марецкой, Болотбеком Шамшиевым, Александром Калягиным...

Когда я встретилась с Калягиным после «Неоконченной пьесы для механического пианино», он еще не успел отойти не только от ошеломительного успеха фильма, но и от съемок, которые, как казалось ему, совсем недавно закончились. Он был еще там, внутри этого необыкновенного и нового для него, как, впрочем, и для всей съемочной группы, опыта. Картина снималась последовательно, эпизод за эпизодом: «никаких прилетов и отлетов!» Именно для этого в один прекрасный день вся компания переселилась — в другой век, в дворянскую усадьбу, окруженную дивной природой, чтобы, наконец, после длинной зимы, встретиться и, превратившись в чеховских «милых обормотов», весело и непринужденно — застолья, фанты, карты, фейерверки — провести время. Такая интенсивная вовлеченность в «действо» позволила провести всех актеров от одной кульминации к другой, от одного откровения к другому, сплавить комическое с трагическим. В этом слаженном актерском ансамбле, где каждая роль — на вес золота, Калягин сумел сыграть сразу нескольких Платоновых. Они, эти Платоновы, сосуществуют в нем бок о бок: принимают друг друга, презирают, тяготятся, ненавидят, прощают, стыдятся. Самоубийство Платонова мне до сих пор кажется одной из лучших сцен фильма: решительный прыжок с холма в речку, а воды в речке — по колено... Но Платонов ведь об этом не знал! А дальше — прозрение: «Я люблю тебя — любого!» скажет ему, вроде бы глупенькая, Сашенька, и на глазах произойдет смена героев, смена истин. Правда, надолго ли? Ведь все останется «по-прежнему, по-старому»: окаянный чеховский рефрен последних кадров.

Впрочем, я увлеклась ненужным пересказом.

Калягин несколько раз упоминал, что, похудев на двадцать килограммов — именно для этого фильма, он не узнавал себя на экране. Новый облик изменил поведение, мимику, жесты. И ему было и странно и страшно наблюдать за собой на экране. Возникло даже ощущение провала. Выручил Михалков. Видимо, почувствовав что-то неладное, как-то так, между делом, успокоил: мол, запомни, это — твоя лучшая роль. Я много лет так и считала.

Можно только подивиться тому, как изменились времена. Сегодняшний Михалков и Калягин — давно пережитые разочарования, о которых даже стыдно упоминать. Что поделать — все течет, все меняется. И яснее и четче проясняется смысл.

СМЫСЛОВЫЕ СВЯЗКИ

В калягинском интервью было страниц сорок, напечатанных на машинке. Ничего необычного — вполне приемлемый объем для «Бесед за рабочим столом». Но вот что важно: размеры материалов и в «Искусство кино», конечно, диктовались объемом журнала, но «по живому» там все-таки не резали. Мой предыдущий — газетный — опыт состоял в том, что в самый последний момент, когда уже идет верстка, пару абзацев из текста могут запросто взять и выбросить, почти не обращая внимания на смысловые связки. «Ну что ж поделать — не влезает!» С этим приходилось мириться, но всегда было и обидно, и неприятно. Иоффе иногда пытался смягчить ситуацию: прибегал, запыхавшись, с версткой в руках и предлагал автору быстренько сократить не влезающие строчки. В этом был смысл, но такое — далеко не всегда удавалось. Надеюсь, что мне не изменяет память, но в «Искусство кино» как-то обходились без подобных авралов.

Был еще один плюс, я бы даже сказала, всем плюсам плюс — редакционные просмотры. Даже сейчас, когда вспоминаю о них, у меня текут слюнки: показывали новое, только что вышедшее, наше, зарубежное... И «Восхождение», и «Пролетая над гнездом кукушки», и «Механический апельсин» я увидела именно на просмотрах в редакции. Пересматривать старое, смотреть новое —

вошло чуть ли не в ежедневную привычку. Так же, как укрепилось и удивительное ощущение: сидишь вроде бы перед экраном, там что-то мелькает и мелькает, и вдруг оказываешься, сам того не замечая, — внутри... До сих пор нет для меня лучшего лекарства, чем кино, большего волшебства, чуда и лакомства.

Сотрудничая в «Искусство кино», я не написала ни одной рецензии. Я не заикалась об этом, а мне и не предлагали. Я считала, что не владею достаточным «обзором», ведь фильмы не возникают из пустоты. К тому же, сам жанр рецензии казался мне суховатым, особенно на фоне интервью, основанных на живом сотворчестве. Заранее заготовленные вопросы могли рассыпаться от спонтанности беседы, а могли и пригодиться, создавая необходимый «каркас» разговора. Поэтому готовиться к встрече нужно было всегда, а дальше — шла импровизация... Короче, «живая нитка» интервью и привлекала меня, и подходила мне в те времена куда больше, чем аналитические рассуждения «по поводу». Но какие-то рецензии я все-таки сочиняла: о кино — в «Советский Экран», о книжках — в «Детскую литературу», о театре — в журнал «Театр».

Прошло немало лет, пока вдруг не возникла возможность и, в некотором роде, необходимость «осмелиться» на рецензии. В конце девяностых в американских университетах стали популярны киношные курсы. Именно такой и предложили мне прочитать в моем университете. Назывался он «История российского кино» — от Ханжонкова (не мое кино) до Перестройки. Представляете? Поначалу я пришла в восторг, потом отчаянно струхнула: как потянуть такой объем, что выбрать, на чем сосредоточиться? Но в какой-то момент поняла, что судьба приготовила мне еще один пода-

рок. У меня появилось время систематизировать накопленное, а главное — дополнить его. По ходу я начала писать рецензии, в основном на «перестроечные» фильмы, которые были представлены в этом курсе. Собранные вместе, они превратились в книжку.

Видимо, не зря говорят: всему свое время.

МАМА

Мама заболела внезапно. Вроде бы все было в порядке: работа, дом, поездки к нам — и вдруг, как гром среди ясного неба: «Плохо себя чувствую, лежу, вызвала врача... Кашляю? Да вроде бы нет. И температуры нет, но очень сильная слабость. Приезжай!»

«Ну да, конечно же, — наконец додумываюсь я, — папа в Крыму, заканчивает уже вторую неделю... Значит, мама совершенно одна».

Был конец необыкновенно теплого октября. Яркий, солнечный день. Солнце золотит мамину кожу, и поэтому она кажется мне не просто здоровой, но необыкновенно помолодевшей и очень красивой. Она уже несколько дней лежит в постели. Действительно, не кашляет, не чихает... Значит, не грипп. Рядом, на журнальном столике, вперемешку: чашки, журналы, рецепты — только что ушел врач... Да, и еще папино письмо! Успеваю прочитать первую строчку: «Здравствуй, дорогая Лизанька!» Сколько папа писал маме писем, столько раз они начинались с одной и той же, неизменной, фразы... Мог бы, для разнообразия, вставить слово «моя»! А вместо «Здравствуй» — что-нибудь повеселее, например, «Привет» или — торжественное: «Приветствую тебя». Впрочем, сейчас не до этого!

Убираю чашки, тарелки, мою, бегу в аптеку, покупаю прописанный антибиотик, начинаю варить бульон и гречневую кашу... И не устаю повторять: «Послушай, ты прекрасно выглядишь!» Оказывается, врач настаивает на больнице, может, это воспаление легких, а, может, и что-нибудь другое, но мама в больницу — не хочет, и я поддерживаю ее: «Ты устала, надо отлежаться. Вот увидишь, через пару дней все пройдет, будешь как новенькая!»

Я абсолютно в этом уверена.

Мама слушает. Кажется, даже кивает головой.

— Знаешь, — предлагаю я, — давай подождем пару дней. Если будет нужно, возьмем такси, поедем в поликлинику и сделаем рентген... Просто на всякий случай.

До сих пор именно это «подождем пару дней» не дает мне покоя. Что приходило маме в голову, когда она оказалась совершенно одна? Вспоминала ли свою прошедшую жизнь, наблюдала ли, лежа в постели, желтение старых лип под окнами? Что почувствовала, когда с трудом дошла, вернее, доползла до кухни, чтобы как-то поесть, и тут же вернулась, чтобы лечь. Гречневая каша, которую я сварила, осталась нетронутой и покрылась сиреневой корочкой плесени. Какие сны виделись ей в эти дни — в преддверии лихорадочного бреда? Какие мысли донимали ее? Плакала ли она? Сжималась ли от страха?

А через пару дней мы все-таки вызвали скорую помощь, чтобы поехать — уже в больницу.

— Дойдете? — спросили санитары, которым неудобно было втаскивать носилки на четвертый этаж.

— Дойду... — не очень уверенно ответила мама. Я помогла ей одеться, довела до нашей крошечной прихожей, оставалось надеть сапоги и накинуть пальто. И тут она взглянула на себя в зеркало, единственное большое зеркало в доме, и, как будто увидев что-то страшное, резко отвернулась.

— Дай телеграмму папе, пусть приедет! — велела она.

Я и тут — удивилась, но телеграмму отправила.

Папе удалось очень быстро прилететь. Сразу же начались консультации, дополнительные анализы, проверки. Диагноз долго не ставили. А, может, папа специально не говорил мне о нем, надеясь, что все обойдется. Потом я послала телеграмму маминой сестре, моей тете. Она приехала, часами сидела рядом с мамой, держа ее за руку, как будто так пыталась ее удержать.

Но из больницы мама не вышла. Ей было 55 лет.

УЦЕПИТЬСЯ ЗА СОЛОМИНКУ

Мамина смерть оказалась для меня непостижимой. Как же так, еще несколько дней назад, она была здесь, с нами, а теперь ее нет. Неужели холмик на Востряковском кладбище — все, что осталось от человеческой жизни? От напряженности ее дней, радостей, поисков, заблуждений, восторгов... Бог ты мой, этот ряд можно продолжать бесконечно. Я замечаю за собой, что постоянно ищу маму, мне часто кажется, что я вижу ее на улице, но она быстро куда-то уходит или садится в такси и уезжает. Я жду ее, и каждый внезапный звонок в дверь дает надежду, что это она. Все восстает во мне при скорбных разговорах о естественности смерти, и, как в детстве, мне хочется уцепиться хоть за соломинку.

Когда умер дедушка, мне было чуть больше шести. Толян с его «собраться, сжать кулаки и отпугнуть смерть» вполне еще владел моим воображением, но влияние соседской Людки, той, что с котенком, оказалось не менее впечатляющим. Она поведала мне, что когда люди умирают, то сразу же попадают в рай, в светлое сладкое место. И там всем очень хорошо. Мне было, конечно, грустно, что дедушка уже не с нами, но тогда мне и в голову не приходило, что он, круглолицый, как ясное солнышко, такой добрый и хороший, ушел куда-то — навсегда. Рай представлялся мне еще одним вариантом больницы, в которой он наконец вылечится, перестанет кашлять и мучиться. И может даже повстречается с нашей собакой Дезькой, а потом расскажет, как он там с ней гулял.

Пространство от шести до двадцати семи, конечно, не могло обойтись без смертей. Тот страх, который я пережила из-за Ванечки, как-то успокоился самой жизнью. А другие —были не столь близкими, что создавало защитное пространство, смягчающую пелену. Но с мамой — непроходящее чувство вины. Вспоминается каждый проступок, каждое грубое, в сердцах сказанное слово. Невнимание, непонимание, черствость. Как я только могла?!

Мне говорят: так нельзя — совсем слетать с катушек; нельзя забывать, у тебя ребенок; время лечит и все проходит. Не скоро, но проходит. Может, поедешь куда-нибудь, отвлечешься? Или найдешь хорошего врача? А вот еще — под большим секретом: собирается маленькая группа йоги. Говорят, что помогает: и настроению, и сну, и отчаянному туману в голове, и тоске... Всего один урок в неделю.

Всего один урок в неделю? Это уже хорошо. И хорошо, что вечером. Один вечер в неделю я могу.

Вот так — совершенно неожиданно для самой себя и вроде бы совершенно случайно — я приобщилась к йоге.

ЗАНЯТИЯ В СТАРОМ ДОМЕ

Занимались мы каком-то в старом-престаром доме. Он должен был вот-вот пойти на снос, но пока еще как-то держался. Дом этот стоял во дворе, за высоким забором с воротами, и, чтобы попасть вовнутрь, надо было позвонить специальные три звонка — скажем, два коротких и один длинный. И тогда наш учитель выходил из дома и открывал ворота, в которые мы быстро прошмыгивали. Понятия не имею, жил ли он в этом доме или приезжал туда, как и мы. Такая засекреченность была не лишней: в семьдесят шестом — за занятия йогой — могли, что называется, привлечь к ответственности.

Звали нашего учителя Аркадием, фамилии его я не знала и не знаю. И иногда, признаться, мне казалось, что и зовут его тоже как-то по-другому, но имя «Аркадий», близкое к Аркадии, ему очень шло. Как он выглядел? Невысокий и худой, коротко стриженный, такой темный ежик волос. Сильный и гибкий, совсем гуттаперчевый. Лица его я не помню. И не потому, что прошло много времени. Оно стерлось как-то так само собой, будто кому-то было нужно, чтобы я его забыла. А голос слышу: тихий, теплый, спокойный. Он здоровался всегда первым, не махал руками, не одаривал лучезарной улыбкой, не бросался навстречу, будто его снесло ветром, а просто кивал, словно посылал каждому предназначенный только ему тайный знак. И сразу становилось просторнее.

Мне кажется, что урок длился не меньше двух часов. В первой части — теоретической — Аркадий рассказывал о разных видах йоги, великих учителях, индийской медицине, которая называется аюрведой, буддизме, реинкарнации... Я слушала, верила-не-верила, проникалась и тут же пугалась, уж слишком необычно, загадочно и сложно все это звучало. И тянулась к более простому, например, совместимости продуктов. Оказывается, не все подряд можно запихивать в рот. Пищеварительная система устроена не абы как, а с большим смыслом, и за парочку тысячелетий йоги смогли разобраться и понять ее. И все-таки я постоянно возвращалась к «основам», о которых говорил мой Учитель, стараясь не столько продумать их, сколько «прочувствовать». Так он советовал.

У каждого из нас была тетрадь, специально для этих уроков. Моя, самая обыкновенная, в коричневой коленкоровой обложке, жива, между прочим, до сих пор. Когда мы уезжали, я вложила ее в непромокаемый пакет. Вместе с детскими игрушками, пластинками, книгами и горячо любимой сковородкой она отправилась медленной скоростью через моря и океаны, в Америку. Сейчас — это уже реликвия, как и мой почерк, так изменившийся за годы. Я не один раз просматривала ее, и, пожалуй, вряд ли смогла бы найти лучшее доказательство моего тогдашнего смятения. На полях — вопросительные знаки: маленькие, что означало — не очень важно; большие — обратить внимание, интересно; и несколько огромных — не понимаю, спросить, прояснить. Слово «интуиция» выделено, подчеркнуто, обведено. После «доверять интуиции» — куча вопросительных знаков.

И о диетах, и о видах йоги Аркадий рассказывал с одинаковой серьезностью, одновременно вдохновенно и расслабленно-спокойно, но без монотонности или напористых вибраций. Он не убеждал, не побеждал, а делился тем, что любил и знал. От этого возникала необыкновенная открытость восприятия, шла ли речь о загадочной уравновешенности ума и эмоций, энергетических центрах, включающих всем известный третий глаз или акупунктурных точках.

До смешного — помню зрительно, как будто сижу в театре, один из наших «учебных эпизодов». Оказывается, существуют специальные точки для похудания, Одна из них — особенно эффективна. Мы слушаем, смотрим, зарисовываем ее в тетрадках: чего проще, вот рука, вот плечо, четыре цуня от плеча вниз по центральной линии. Но в воздухе уже носится напряженное нетерпение: чего откладывать-то, надо тут же, на месте ее попробовать! Пять юных дам бросают свои тетрадки. Вопросы сыплются, как горох: болезненная-неболезненная, глубокая-неглубокая? Как массировать: мягко, нежно, круговыми движениями, давлением? И как долго? Чтобы похудеть сразу, прямо на глазах?

Наших юношей, их было двое, худющих как скелеты, но зато и гибких, как тростник, и возмутило, и удивило, и даже испугало это наше несусветное возбуждение по пустому, как им показалось, поводу. Совет последовал незамедлительно! «Есть надо меньше!» — заявили они и слегка отодвинулись от нас: мол, какая назойливость, какой гомон — и все по такому ничтожному поводу. Возникла пауза и неловкое напряжение: вот она, разница восприятий, столкновение мужского и женского!

«Самое подходящее время рассказать анекдот!» Это — Аркадий: «На уроке в тибетском монастыре Наставник, внимательно выслушав ответ одного из учеников, поощряет его похвалой: «Очень хорошо! Ты — совершенно прав!» — говорит он. Тут встает другой ученик и не менее уверенно высказывает — совершенно противоположное мнение. Учитель, поглаживая бородку, внимательно выслушивает его и ответствует: «Прекрасно! Ты совершенно прав!» Удивленный, раздосадованный и очень недовольный — вскакивает третий: «Как же так? — вопрошает он. — Как такое может быть? Они не могут быть оба правы!» — «И ты прав, сын мой!» — отвечает Наставник.

Спустя много лет я услышала этот анекдот, как мне показалось, в подлинном виде и долго смеялась. Дело происходило в хедере, наставником был — ребе. Мудрость, как оказывается, везде мудрость.

Могу лишь добавить, что все наши девушки, и я в их числе, так или иначе похудели, а юноши набрали вес и перестали выглядеть «скелетами». То есть, правильнее сказать: мы все изменились. Не помолодели, конечно, это звучало бы тогда очень смешно, но начали принимать «форму», соответствующую каждому из нас, и не только телесную... Конечно, во второй части наших уроков мы интенсивно разминались, разогревались, учились правильно дышать, практиковали йоговские позы-асаны, старались чувствовать их каждой клеточкой тела, но они, эти физические упражнения, не с меньшей интенсивностью влияли не только на наши тела, но и на наши души. (Идея целостности души и тела, таким образом, была заложена.)

А в самом конце урока — пятнадцатиминутное расслабление, волшебная палочка-выручалочка, которой окончательно снимались напряжение, усталость, задерганность, обиды на саму себя и на жизнь... После каждого урока я возвращалась домой, как будто провела с неделю у Черного моря, наплавалась, наполнилась счастливым солнцем и могу двигаться дальше.

Именно поэтому я отнеслась внимательно к тому, что многократно повторял мой первый учитель: йогой нужно заниматься каждый день, хотя бы по пятнадцать минут, это в самом начале, но не меньше часа уже после первого месяца.

Каждый пропущенный день откидывает назад. Конечно, он был прав. И каждый раз, когда меня отбрасывало назад, я возвращалась, сожалея, что опять споткнулась о тот же камень. И преодолевая себя, понимала, как интенсивно и благородно йога поддерживает меня и приближает к самой себе. И, уже гораздо позже, отважилась даже стать учителем йоги.

Я уверена, что благодаря именно йоге я не заболела, пережив рубеж пятидесяти пяти лет, которые не смогли перейти ни моя бабушка, мамина мама, ни моя мама. И не свихнулась за те несколько лет до выезда, когда — «все уезжали».

РАЗГОВОРЫ ОБ ОТЪЕЗДЕ

А разговоры об отъезде возникали все чаще и чаще. Сначала уезжали незнакомые люди, чьи-то дальние родственники, которых мы в глаза не видели. Они воображались какими-то призраками, вдруг поднявшимися в воздух и исчезнувшими с порывами ветра. Потом — как будто сдвинулся пласт — стали уезжать знакомые, не самые близкие, но вполне реальные. Их выгоняли с работы, перед тем пропесочив на общих собраниях, и слова — «выскочить» и «отказник» становились более-менее привычными.

Однажды в метро я встретила своего университетского приятеля. В былые времена мы постоянно сталкивались на лекциях и встречались на семинарах, трепались в нашем дворике, перехватывали по винегрету в столовке и, иногда, заболтавшись, он доезжал со мной до Юго-Западной, хотя ему нужно было выходить на Фрунзенской.

Мы обрадовались друг другу и стали выкладывать новости за последние несколько лет: да, он

147

женат, да, у него трехлетний сын, да, он работает... Тут он перешел на шепот и заговорщицки добавил: «... лифтером...»

— Как? — удивилась я. — Почему? Ты же работал на телевидении!

— Ушел! — весело сообщил он — Без скандала! А лифтер — единственная работа, на которую сейчас берут... Классная, между прочим, работа! Сидишь, целый день, читаешь, а если что, звонишь и вызываешь механиков. Ты что, не понимаешь? Мы разрешения ждем!

Видимо, мои глаза округлялись все больше и больше, пока я не поняла, о чем он...

— Да ну?! — сказала я. И еще добавила: — Да...

Не пересказывать же мне было, что я подумала. А подумала я обо всем сразу, то есть в голове вихрем стали проноситься бессвязные слова и предложения: «Как он там будет? Сможет ли без русского? Ну уж писать точно будет некуда! Да что писать? Там все — другое! Верблюды жуют жвачку, говорят, еще и плюются! Может, и вправду плюются? Или придумывают? Но жара — везде. Интересно, можно ли от жары сойти с ума?»

Пауза затягивалась.

— Слушай, я выскакиваю, моя остановка! — вдруг всполошился мой приятель, и уже на ходу добавил: — Пока, увидимся еще! — и, махнув рукой, выскочил из вагона.

«Какой оптимизм! Увидимся! Хотелось бы знать, где? Небось иврит учит!» Ивритские буквы я уже видела. Загадочные, странные, одновременно и удивившие, и напугавшие меня.

В те времена я еще не понимала, что, вообще говоря, не очень способна к языкам. В детстве, когда мама играла со мной «в английский», я, благодаря еще не забитой памяти, быстро запоминала слова и выражения, но с такой же легкостью их забывала. Позже, когда дело дошло до упражнений и переводов — туда-сюда, туда-сюда — мне было не просто скучно, а мучительно и невыносимо скучно, и от напряжения казалось, что в любой момент я могу лопнуть... В пятом классе у нас начался иностранный язык, который вела высокая и худая женщина с большими длинными зубами. Она очень смешно просовывала язык между ними и странно шипела, и я, уже подготовленная ко всем этим чудесам, делала вид, что хватаю все на лету... В классе восьмом я завалила парочку контрольных и пришлось «взяться за ум»: учить слова, читать тексты, делать упражнения. Совершенно неожиданно, мне вдруг стало легче в университете. Я даже начала подумывать, не пойти ли мне на английские курсы. Тогда это была модно. Я очень повеселила маму, предложившую мне курсы на дому, но потом и курсы, и сама идея — отпали, потому что времени и так ни на что не хватало.

Только спустя много лет, когда я сама начала преподавать русский в американском университете, я постепенно стала отличать гениальных студентов от способных, способных от средних, а средние еще делились на усидчивых и неусидчивых... Плохих у меня не было, плохие — русского языка не выдерживали. И посейчас я довольно низко оцениваю свои языковые способности и очень завидую тем, кто готов запоминать алфавиты, морочиться грамматикой, с восторгом рассказывать, что прочитал не только первую страницу длинной иностранной книги... Даже итальянский, от которого у меня кружится голова, не заставил меня разыскать хотя бы начальный учебник... А иврит — тогда, много лет назад, лишь на секунду, напугал своей жесткостью и развлек буквой «Ш», перекочевавшей из русского. На этом все и закончилось.

Впрочем, самое главное, я никуда не собиралась уезжать.

Удивительные это были времена! С одной стороны, ночами переснимали Солженицына, а потом — на пару дней — давали его читать друзьям; на тонкой папиросной бумаге «разживались» Мандельштамом и Пастернаковским «Живаго». Имена Синявского, Даниэля, Сахарова, Кузнецова, Бродского, Щаранского крутились на языке. С другой — и старые, и молодые мужчины, наши знакомые, вдруг открыто надев кипы, которые я именовала тюбетейками, встречались у московской синагоги. Они радовались победам израильской армии, изучали иврит и посылали всех, кто предлагал им уехать в «ИзраИль», на три буквы, после чего — твердо обещали при первой же возможности туда отправиться.

Вообще говоря, мне трудно сейчас перечислить все те дорожки, по которым неслась жизнь в семидесятые. Вроде бы, все было понятно и одновременно — спутано; черно-белая палитра главенствовала, и вместе с тем, другие цвета вспыхивали, манили и напоминали, что не все так прямолинейно и просто. Хотелось «жить не по лжи», и еще хотелось — жить. Вроде бы вполне «вегетарианские» брежневские времена пугали постоянными сомнениями, своей бесконечной серой гнусностью и раздвоением. Смешно сказать, но к тридцати — возникло что-то вроде привычной двойной жизни. Ну, ладно, мы... Но — что же будет с детьми?

ДАЧА В БЫКОВО

Конечно, кроме моего мужа, некому было принести эту новость: его знакомый с физтеха, отказник, вместе с женой устроили у себя дома детский сад. У них двое детей плюс еще двое — дети другой пары, тоже отказников. На лето они собираются снять большую дачу, устроить там супер-детсад, с театром, рисованием, стихами, музыкальными занятиями, походами и так далее, и так далее...

И они действительно это сделали. Сняли дачу в Быково, огромный дом, как будто предназначенный для оравы детей, с большой кухней, в которой можно было поставить длинный стол и сразу уместить и детей, и парочку родителей-дежурных. На крытой, невероятных размеров террасе устраивались представления и спектакли, дети рисовали, лепили... Всего и не упомнить, что происходило в этом райском аду или в адском раю, в котором оказалась и наша дочь.

Сейчас мне трудно представить, как этот детский сад вообще мог осуществиться. Например, как смогли построить штук десять двухэтажных детских кроватей. Нет сомнения, что среди родителей были и рукастые, и смекалистые, и те, кто могли ввинчивать шурупы и шкурить доски. Но ведь эта была огромная работа. Неужели в середине семидесятых можно было купить и собрать из частей эти вот американские бэнк-бедс? Говорят, что нет. Странно, что тогда я восприняла и кровати, и летний душ на улице, и детский туалет с выгребной ямой, и огород, и наличие воспитательниц и учителей, в основном из родителей, и сверхсложное расписание родительских дежурств — прежде, чем составить, надо было всех опросить и понять, кто когда что может, и рулоны бумаги, карандаши, краски, цветные мелки, фломастеры, и так далее, и так далее — как данность.

Конечно, там были — главные: директора Женя и Галя Цирлины, те самые отказники, которые и заварили эту кашу. Но как они могли справляться со всем потоком необходимых дел: соблюдением режима, гигиены, завозом продуктов, ремонтами, даже при постоянной помощи родителей — до сих пор не понимаю. А уж как им удалось устроить планомерное, естественное течение жизни, которое нравилось и детям и взрослым, до сих пор ума не приложу! И это при том, что дети были разных возрастов — от трех до шести и чуть старше, разных темпераментов, характеров и привычек... Каким-то невероятным, прямо-таки волшебным образом, Галке Цирлиной с ее воспитательницами удавалось держать их занятыми: то разбивать на маленькие группки, чтобы отрепетировать «роли», то объединять в коллектив клейщиков костюмов или художников декораций, или в разноголосый хор — кто в лес, кто по дрова — но все равно великолепный и азартный. Удивительно, что дети там не болели. Ну, были расцарапанные коленки, занозы, ссадины, синяки, запоры... Но ничего серьезного. Даже родители-врачи удивлялись. Как получалось, что завтраки, обеды и ужины всегда начинались вовремя, что еда радовала детей, а после этого дежурные родители, как ни в чем ни бывало разбирали горы посуды и под разговоры, весело и непринужденно, их мыли?

Конечно, не обходилось и без приключений. Однажды к нам забрела бездомная кошка. Дети ее поначалу и тискали, и ласкали, и втыкали в блюдце с молоком, но через пару дней, когда она слегка поднадоела, вдруг, ни с того ни с сего, решили научить ее пользоваться очком в построенном на улице туалете. Это — одна из версий. История гласит, что то ли кто-то ее держал и уронил, и уронил случайно, кошки ведь умеют царапаться; то ли она так вырывалась, что, освободившись, сама полетела вниз... Рассматривался еще один вариант: эти наши веселые, милые, любознательные и способные дети договорились сразу, с самого начала, бросить ее вниз и посмотреть, что будет.

Как бывает в сказках, именно в это время мимо сортира проходила одна из мам. Она тут же учуяла, что дело нечисто: слишком уж много детей столпилось у этой серой будки, из которой неслись дикие кошачьи вопли. Разогнав детей, она, встав на колени, нагнулась, уж не знаю как низко, вытянула руку и, изловчившись, вытащила обезумевшую кошку, которая, расцарапав ее, вырвалась наружу и за секунду исчезла в ближайших кустах. Как будто ее и не было.

Долго никто не мог успокоиться: ни ошалевшие взрослые, ни напуганные дети. Надо сказать, что родителей сразу же попросили — детей не пытать. Переживать, пожалуйста, но без вопросов. Мне кажется, что чуть ли не всю следующую неделю на большой веранде происходили беседы, долгие и тихие. И в конце концов нам сообщили, что «инцидент исчерпан». Обсуждать больше нечего!

Кошка, между прочим, так и и не вернулась. И я хорошо ее понимаю.

И все-таки, спустя много лет, я спросила у взрослой моей дочери, уже учительницы Монтессорийской школы, помнит ли она ту историю.

— Конечно! — ответила она.

Как оказалось, она была в центре этого веселого эксперимента, участвовала, что называется, в составлении генерального плана действий. Я не стала расспрашивать ее о деталях: услышать еще раз, что у детей — творчество и жестокость часто соседствуют, мне не захотелось.

— Знаешь, с нами тогда очень правильно разговаривали, — добавила она, — мы почувствовали себя очень виноватыми, но, как бы это лучше сказать, не униженными, что ли...

Тут, конечно, самое время пропеть дифирамбы Галке Цирлиной: ее таланту, интуиции, энтузиазму, профессионализму. Она сама всегда получала ни с чем не сравнимое удовольствие от общения с детьми: трехлетний «врач» мог прослушать все ее легкие, селезенки, печенки и многочисленные сердца, а она, умостившись на тоненьком коврике на полу, под серьезные команды «доктора» поворачивалась с боку на бок, подставляла голову, руки, ноги для осмотра и внимательно выслушивала советы... И тут же, на ходу, записывала-зарисовывала их на рецептурном листке, который на глазах у юного эскулапа, для него же и изобрела. Она хорошо пела, по ходу могла устроить дуэт или хор на несколько голосов. Еще — умела подбодрить стесняющихся тихонь. И случалось чудо: они, эти тихони-мимозы, переставали дрожать, выходили вперед и пели или читали стихи, и не боялись толпы из теть и дядь. Галка могла усадить за книжку самого неусидчивого, разрешить бурную, со слезами, ссору и показать, как надо мириться мизинцами. Однажды, я увидела, как она демонстрирует походку Мухи-Цокотухи, а потом и Храброго Комарика... Как детки, лопаясь от смеха, каждый на свой лад пытались повторить жеманные шажки Мухи и мелкие прыжочки Комарика. В другой раз, я услышала, как она объясняет любопытному дитяти, почему взрослые ходят на работу: да, не только для того, чтобы зарабатывать деньги, но и делать еще что-то очень нужное и важное.

Мне кажется, что наши дети кожей чувствовали себя в центре большого праздника. Как было этот праздник не любить?

КОЛЛЕКТИВНОЕ ТВОРЧЕСТВО

Теперь о родителях, которых по два на каждого ребенка. Все, естественно, тоже со своими представлениями, идеями и привычками. В Галкины обязанности не входило воспитание взрослых. Но, как ни странно, это получалось само собой. Она умела слушать, никогда не перебивала, попусту не возражала и всегда была готова объяснить, почему пришла к тому или иному решению. Идеи — захлестывали, каждому родителю казалось, что можно еще и это, и то, и, главное, каждый знал, как лучшим образом «это и то» осуществить. С идеями шли к ней, но она отнюдь не страдала маниловщиной и без особого напряжения умела ее пресекать, вежливо, но твердо. А уж если вдохновлялась, то энергично, радостно, с полной отдачей.

В воздухе давно носилась идея — научить детей читать и писать. Некоторые как-то умели, но далеко не все. В какой-то момент Галка предложила заняться этим мне, поскольку я была чуть ли не единственным гуманитарием среди физиков, математиков, химиков, врачей... И тут же — поскольку Галка все обдумала заранее — она связала меня со своей знакомой, «методистом по дошкольным программам». За несколько встреч я смогла познакомиться с основыми приемами обучения «чтению и письму». Они показались мне одновременно простыми и в своей простоте — гениальными. Вот, к примеру, как мы учили буквы. Сидим все вместе на террасе, у каждого по фломастеру и листу бумаги. У меня — цветные мелки и доска. Начинаем, к примеру, со слова «мама». Сначала все вместе пропеваем каждый его звук. Потом возвращаемся к первому «М», поем и одновременно ловим его в воздухе и «прихлопываем» к бумаге. Звук пойман, теперь остается превратить его в букву и записать.

Когда уже мы знаем более-менее много букв, то отправляемся в поход вокруг дачного дома. Разглядываем окна, двери, крыши, заборы, деревья и ищем буквы, из которых состоит окружающий мир. Вот — круглое окошко на чердаке — буква «О». «П», «Г», «Н» вылезают из всех углов, торчат из крыльца. Крыша сарая похожа на перевернутую и слегка перекошенную букву «Ш», а макушка дома — на печатную букву «Л». Одно из окон забито двумя длинными досками — вот она, редкая буква «Х». Веточки на кустах — сплошь буквы «Л» и «У», просто это надо увидеть. Остальные — умещались на асфальте во дворе, на листках бумаги, и каким удовольствием было писать разноцветными мелками и фломастерами, и то, и другое — по тем временам — редкость.

Методика сработала: довольно быстро дети начали читать, громко соединяя звуки в слова. Но куда больший ажиотаж вызвали элементарные навыки письма, когда оказалось, что можно сочинять друг другу письма — пусть кривоватыми буквами разного размера, пусть в две строчки — но настоящие письма и посылать их через «почтальона». Почтальоном какое-то время работала я, пока у каждого не появился свой «почтовый ящик»: карман... Одежда без карманов с этого момента не признавалась. И еще — сразу же было понятно, от кого пришло письмо.

В какой-то момент среди родителей нашелся учитель математики. Потом кто-то из взрослых попробовал поиграть с детьми в шахматы. Двигать фигуры по доске понравилось всем, но, по-моему, на этом «шахматы» и закончились. Однажды чей-то папа снял с листика божью коровку и долго ее демонстрировал всем желающим.

После этого началась страсть к насекомым: увидеть, тихонько присесть на корточки, разглядеть, показать другим. Мухи и комары тоже вызывали интерес, но оказалось, что с ними не так легко и приятно иметь дело. Потом появился сачок, но началась ли новая страница под названием «бабочки», не помню.

Так, потихоньку, детский сад становился коллективным творчеством.

И родителям нравилось там ничуть не меньше, чем детям. Со временем все перезнакомились поближе — на «дежурствах», на общих праздниках. А вечерами, когда дети уже спали, дежурные, то есть те, кто оставался на ночь, могли собраться вместе, попить чаю и вволю наговориться. По-прежнему — о детях, о собственном житье-бытье, о своих родителях, тех, которые в ужасе от предполагаемого отъезда, и тех, которые этому не нарадуются. Обсуждались и подача документов, и возможные сроки ожидания, и отказы, и демонстрации, и новая ветка — американская, и первый в жизни Пасхальный седер... Уж поговорить-то всегда было о чем. А в свободный от детей вечер можно было встретиться дома, в Москве, продолжить разговоры, а заодно и выпить.

Мне было интересно в этой разношерстной толпе: разговаривать, слушать, пытаться понять, что движет людской решимостью... Для одних — желание распроститься с антисемитизмом, для других — вернуться к корням... И для всех — дети! Вывезти детей — самое главное.

Насколько я понимаю, когда дачу снимали, ее хозяйке объяснили, что собрались родители, которые хотели бы на лето отправить своих детей на свежий воздух. Это было правдой, но не полной. Свежий воздух расценивался как большое благо, все занятия-мероприятия, как манна небесная.

Но не только это объединяло собравшихся: некоторые — уже подали и поджидали разрешения на выезд; несколько семей «сидели в отказе»; были и такие, которые собирали документы или — по разным обстоятельствам — только мечтали об отъезде, но считали, что детский сад — прекрасная к нему подготовка. Поэтому в кругах «отъезжантов» было принятым называние — Еврейский Детский Сад.

Лето приближалось к концу. Где-то в августе, совершенно неожиданно, возникла новая идея: а почему бы не остаться на даче на зиму, ведь все так удачно складывается. Цирлины переговорили с хозяйкой, и та дала согласие, как она выразилась, на осенне-зимне-весенний сезон. До следующего лета. А там — посмотрим! Для многих это предложение оказалось заманчивым: попробуй, найди где-нибудь что-нибудь подобное. Кроме всего прочего, и дети, и взрослые уже привыкли друг к другу.

Так — начался новый виток в истории Сада. Но об этом — чуть позже.

ГЛАЗА ГУЛЬКИ

Гулька Романова — наша соседка по Чертанову, живет за три дома от нас. Сначала она была знакомой наших знакомых, потом мы стали приятельствовать, и в конце концов очень подружились. Мы часто встречаемся: то она к нам, то мы к ней, и просто так, и по делам — и чаю попить, и поговорить о том о сем. Вообще-то она из таких... немногословных. Но уж если что скажет, то в точку. Я быстро заметила это и оценила.

А дела у нее такие: то один пакет принесет, то другой. Я знаю, что в этих пакетах: «Грани», «Хроники», Солженицын... Обычно она быстро их забирает, так что у нас они только так — перекантоваться.

Так вот, Гулька спасла собаку, брошенную в метро. Та, видимо, побежала за хозяином, запрыгнула на эскалатор, попала лапой в щель между ступеньками и стала громко плакать. Гулька, совершенно случайно оказавшаяся рядом, вмешалась, лапу вынули, хозяина не нашли, и возвращались они к Гульке домой уже вдвоем.

В какой-то из вечеров, она отправилась погулять с собакой, а по дороге зашла к нам. В руках у нее пакет, собака — на поводке, уже не боится и смело заходит в дом. Мы, естественно, бросаемся — и к Гульке, и к собаке. Собаке предлагаем колбасу, Гульке — раздеться. Пакет сам по себе остается в прихожей, лежит на полу, среди обуви, и горя не знает. А мы переходим на кухню, послушать еще раз, как все это спасение происходило. Гулька и рассказывает, и показывает: вот она ступила на эскалатор, вдруг чувствует, что кто-то сзади, почему-то очень низко, рвется наверх. Удивленная, оглядывается, отодвигается, собака проскакивает вперед, несколько мелких прыжков и лапа застревает... Дальше вы все уже знаете. Собачка действительно очень симпатичная, маленькая, лохматая, ушастая, и ей совершенно необходимо подарить игрушку. Муж ведет собаку в детскую: хотя часть игрушек и переехала в Быково, найти все-таки что-то можно, а собака — тот же ребенок.

Я уже поставила чайник и расставляю чашки. Гулька помогает, впрочем, и помогать-то особенно нечего: ложки да блюдца. Правда, есть пирог, вернее, остатки пирога, который я вчера сама испекла, моя святая гордость, могу даже рецепт рассказать! Тесто самое простое... И вдруг Гулька, как-то так, тихо-тихо — не о собаке, не о рецепте:

«Послушай! Вот, ты не хочешь уезжать... Но ты же понимаешь, что ждет здесь твоего мужа? Эти ребятки — они женщин не трогают, они — мужчин забирают. Посмотри, что делается».

Пауза. Мы смотрим друг на друга.

У Гульки — прекрасные глаза. Может самые прекрасные, которые я когда-либо видела. Когда она говорит, видишь только их. Почему так — не знаю. И то, что она переживает в этот момент, ты чувствуешь так, как она, а может, даже и сильнее. Я увидела в них — печаль. Не страх, не отчаяние, а прегорькую печаль.

Увидела — и помню до сих пор.

СНОГСШИБАТЕЛЬНЫЕ ПОВОРОТЫ

И осень, и зима, и весна быстро пролетели. Жизнь в детском саду идет своим чередом: уроки, прогулки, вечерние сказки, вкусная еда, разговоры, субботняя хала, которой дети не только лакомятся, но и печь ее помогают. К обычному расписанию прибавилось еще одно: проводы, важное действо-прощание, которое оптимистично (а что оставалось?) именуется «До скорой встречи». Складывалось даже впечатление, что из Сада — выпускают. («Старых» могли держать, а вот от «новых» пытались поскорее избавиться. Так, по крайней мере, казалось.) Если я правильно помню, Цирлиных промурыжили как раз до лета семьдесят девятого. То ли они очень надоели своей активностью, то ли надвигающаяся Олимпиада, которую по анекдоту обещали провести «вместо обещанного коммунизма», стала поджимать, и очередь дошла и до них.

В любом случае, они уезжали и сад оставался без директоров. В какой-то из вечеров Галка, занятая по горло всеми предотъездными делами, вдруг добралась до нас, то есть на другой конец Москвы, как будто бы в гости, и предложила нам занять освобождающееся «свято место». До сих пор не понимаю, почему выбор Цирлиных пал на нас: были пары куда более вовлеченные в детсадовские будни, чем мы. Иногда, мне приходила в голову странная мысль, что это мог быть вполне продуманный ход: мол, хватит маяться-мучиться, принимайте, наконец, решение... Но, как известно, задним умом мы все сильны. Короче, вот такой невероятный, сногсшибательный поворот!

Не менее сногсшибательным был для меня и разговор с мужем — скорее всего, еще через несколько дней. Именно в этот вечер мой муж сообщил, что, во-первых, ОН УШЕЛ С РАБОТЫ, а во-вторых, в виде дополнительного подарка, что МЫ ПОДАЛИ. Уход с работы вроде бы не должен был стать для меня неожиданностью. Головой я понимала, что рано или поздно — это произойдет. Но, застигнутая врасплох, удивилась так, как будто услышала об этом в первый раз.

Но то, что последовало дальше, выглядело уже совсем невообразимым: «Подали? Как это? И кто это — «МЫ»?»

Возможно, у меня возникло гораздо больше вопросов.

Выяснилось невероятное: он, ни больше ни меньше, подписал нужные для отъезда бумаги — за меня.

— Как же так? — скорее всего, спросила я.
Если бы я помнила, что он ответил, я бы привела эти слова — до последней буквочки, до каждой запятой, обозначив все возможные интонационные переходы, но я их — не помню. А поскольку мы оба пережили эту ночь, то, скорее всего, он как-то пытался втолковать мне, что не надо — волноваться! Что это «вразумительное» (его люби-

мое слово) решение, хотя впереди у нас еще годы и годы отказа. А там будет видно. И он, как и все, пойдет и поработает лифтером. А там... и посмотрим!

(Такое ощущение, что в те времена лифтеров катастрофически не хватало. Но шутки шутками... Особенно, когда не до шуток.)

И сейчас не могу себе представить, что я чувствовала в последующие дни, а, может, и недели... Скорее всего, хваталась за самые обычные дела: мытье полов или чистку картошки. Так я открыла, что уборка, готовка, стирка — необыкновенно выручают. Руки — заняты, голова — свободна. Может, я даже выходила погулять и в одиночестве бродила кругами, но думала только об одном: что же — теперь? Когда, как захватил и накрыл меня этот «водоворот» и втянул в себя?

... Чуть меньше чем за год до того, летом семьдесят восьмого, умер отец моего мужа. Ему еще не исполнилось и пятидесяти пяти. Крупный ученый, хорошо известный в своей области — физике твердого тела, он работал в Черноголовке, преподавал на физтехе, был автором многочисленных работ, и даже лауреатом Ленинской премии. Он достиг этих советских заоблачных высот, не вступая в партию, что лишний раз подтверждало его талант и нетривиальность. Разговоры об отъезде — в те времена — велись и вокруг него и с ним, но для себя он такой возможности не рассматривал. Мог ли наш отъезд повредить ему? Скорее всего — мог.

Мы с мужем оба понимали, что смерть Львовича (так звали его в семье) и смерть моей мамы — открыли наглухо закрытую дверь. Мама не захотела бы уезжать без папы: хотя он уже не был военным, но работал на авиацию. Скорее всего она сказала бы так: «Или все вместе или никак». И поставила бы точку. Но вряд ли смогла бы прекратить все разговоры и размышления об отъезде. Они были насущными, живыми, давали, в каком-то смысле, возможность помечтать и отвести душу.

Даже для меня в этих разговорах было что-то сродни мечте, но такой напряженной, запредельной, которая сама по себе, может, и прекрасна, но настолько нереальна и настолько не моя, что и говорить не о чем. Я никак не могла представить себя в другой стране, без родного языка, без привычной среды. «Что определяет человека?» — задавала я себе один и тот же вопрос. И сама на него отвечала: «Его культура». На этом можно было бы поставить точку, поскольку получалось так: ради себя — никуда и никогда в жизни! В конце концов, не все же уезжают. Но на этом вопросы не кончались. «А ради — ребенка? А ради — семьи?» Ответов — у меня — на них не было. Напряжение же только увеличивалось: не так уж просто было отмахнуться от ежедневной реальности, от детсадовских отказников, от Гулькиных глаз...

Но, как известно, пути Господни неисповедимы.

Мой сорокадевятилетний дядя, тот самый, который когда-то восхищался грудью няни Маруси, ни сном ни духом не имеющий отношения ни к еврейскому движению, ни к диссидентству — вдруг решил уезжать. Его, инженера-механика, доконало собственное изобретение, позволявшее экономить золото в каких-то неведомых мне производственных процессах. На эту «золотую машину» он возлагал множество надежд: ему казалось, что теперь-то у него начнется другая жизнь. Он сможет по-настоящему помочь детям от первого брака. А также обеспечить всем нужным новенькую дочку, которая недавно родилась во втором. Он рассчитывал на премии, повышение по работе, а может даже, чем черт не шутит, поездки за рубеж: потому что, кто же мог лучше представить это его, столь много обещающее, «детище». Пару лет спустя он так определил сложившуюся ситуацию: «На что, дурак, рассчитывал, на воздушные зАмки?» То есть, если я правильно помню, изобретение внедрили, но он остался как бы ни при чем. И вот тут он прямо-таки взбеленился и в минуту решил, что уезжает. Ему помогли получить вызов. Он фиктивно развелся (жена с дочкой приехали к нему через два года) и, ко всеобщему изумлению, его очень быстро выпустили. Дядя выбрал Америку, оказался в районе Бостона, невероятно быстро подхватил английский и нашел работу. Дальше сюжет развивается с еще большей, почти сказочной скоростью: достойная зарплата, машина, покупка жилья. В общем, как он писал, началась не только новая, но и обычная жизнь, то есть такая, какой она и должна быть.

Пожалуй, больше всех за него радовалась бабушка. «Ну, наконец! — подытожила она, — смог крышу над головой найти... Ведь всю жизнь работал, с семнадцати лет! И что? А тут и получилось!»

— И знаешь, что он еще пишет? — это уже бабушка мне, и почему-то –шепотом: — У них там клубника даже зимой продается!»

Идея эмигрировать явно совпала у бабушки с идеей клубники.

«ЕЗЖАЙТЕ К БРАТУ»

Страшнее всего мне было рассказать об отъезде папе.

Прошло уже почти пять лет с маминой смерти. Папа, как всегда, много работал. С привычной тщательностью и неторопливостью собирался — уже года три — сделать ремонт в квартире.

Осенью, если получалось, ездил в Крым в санаторий и возвращался поздоровевшим и помолодевшим. Обычно спокойный молчун, он никак не мог сдержать своих восторгов: и дивное море, и длинные прогулки, и возможность прикорнуть днем... И подытоживал: «Вот теперь можно целый год спокойно работать!» В общем, он, как всегда, был очень занят, вполне самодостаточен и торопился не торопясь... Часто приезжал к нам по воскресеньям — как-никак традиция — погулять с внучкой. Я считала нас его семьей, и, уезжая, мы бросали его. Думала ли я в тот момент, что наш отъезд может угрожать его работе? Скорее всего, нет. Жгло, что мы бросаем его одного.

И я отправилась к нему. Поднималась на четвертый этаж медленно и долго, как будто с гирями на ногах. Мы сели на кухне. Он вскипятил чайник, достал чашки, конфеты «Коровка», мои любимые сушки, мед в маминой вазочке. Все было похоже на замедленное кино: может, поэтому я помню нашу встречу так ясно до сих пор. Сначала я выдавливала из себя слова, а потом — наоборот — стала говорить быстрее и быстрее, чтобы наконец выплеснуть из себя все, что накопилось. Как мне невыносимо, потому что я не понимаю сама себя; уже сама не знаю, чего хочу, а чего — не хочу; но все еще запутаннее и невозможнее, потому что я чувствую, что уже ничего не могу, потому что не понимаю, чего хочу... Вроде бы все так просто — ведь многие уезжают ради детей, но я боюсь, прямо до слез. А с другой стороны, все как-то глупо и смешно, потому что я уже плыву куда-то, хотя плыть никуда не собиралась... Тут мне действительно становится так смешно, что слезы льются сами собой, и я и смеюсь и плачу одновременно. Вот он — тот самый «смех сквозь слезы», теперь я знаю, что это такое.

Папа что-то говорит, но я слышу только отдельные слова: «Серьезно... Соберись... Надо... Чай... Хорошо...»

Потом мы долго молчим. Тихо. Время остановилось.

Вот он заговорил опять, и теперь я изо всех сил ловлю каждое его слово. «Хорошо ли вы продумали свои планы?» «Продумали» — вообще говоря, его ключевое слово. «Продумали?» — задаю я себе тот же вопрос. И для самой себя неожиданно отвечаю: «Да, конечно! Мы думали, думали и продумали... Это делается ради детей». И я повторяю и повторяю это «да, конечно», чтобы убедить и его, и себя, и время от времени добавляю запавшую мне в душу фразу мужа: скорее всего, мы попадем в отказ. Расставание еще не близко.

Потом мы опять молчим, и после бесконечно длинной паузы папа произносит: «Езжайте к брату, он вам поможет».

Я долго возвращалась домой, на трех автобусах. Но мне нужна была эта длинная дорога, чтобы сначала просто повторять сказанное папой, потом как-то воспринять его слова, а уж потом — ухватиться за них как за палочку-выручалочку.

— Хорошо! — сказала я мужу. — Мы уедем, но не в Израиль, а в Америку. Там — мой дядя. Он нам поможет.

Так состоялся этот наш компромисс.

Теперь, оглядываясь назад, я отдаю себе отчет в том, что, может быть, одна из самых трудных и, в некотором смысле, даже невозможных задач, предлагаемых жизнью, сводится по-прежнему к тому, чтобы «познать себя». Я не была готова ни к какому отъезду, будь то Израиль или Америка. Мой муж — к переезду в Америку.

Но так уж получилось!

Мне и сейчас кажется, что нас выпустили столь быстро, прямо через пару месяцев, именно потому, что я не хотела уезжать. Иногда это предположение звучало как шутка: мол, если бы не я... Чаще — как отчаянная претензия, политая моими горючими слезами.

Вообще говоря, теперь, задним числом, я понимаю, что и тут — повезло. Нас выкинули в середине января восьмидесятого года, и мы были чуть ли не последними, успевшими покинуть «пределы Советского Союза». *Из-за Афганской войны практически все, кто не проскочил, сели в отказ, не на год и не на два.*

КОРОТКОЕ ДИРЕКТОРСТВО

Сумятица тех месяцев до сих пор не оставляет меня: что было раньше, что позже?

Мне кажется, что довольно быстро мой муж устроился лифтером. Иногда он работал с утра до вечера, иногда — ночью, и после ночного дежурства у него был выходной, а может, целых два, и, видимо, именно в эти выходные мы и начали искать новое пристанище для Детского Сада. Дело в том, что в Быково нам отказали. Хозяйка, скорее всего напуганная гэбэшниками, и слушать не хотела о продлении договора. А всей еще не уехавшей детсадовской братии, включая и нас с мужем, очень хотелось, чтобы Сад продолжался. Для этого надо было найти новую дачу.

А как? Сейчас я даже представить себе не могу, как ее можно было в те времена искать.

Вряд ли существовали агентства, предлагающие — на выбор — зимние дачи. А нам ведь нужна была именно зимняя, с подогревом, впереди ведь осень, зима, холода... Вряд ли выходили буклеты с объявлениями. По крайней мере, ничего такого я не помню. Наверное, какое-то время жаждущие найти дачу родители, и мы в том числе, разбившись на группки, объезжали знакомые дачные места, оставляя свои телефоны в почтовых ящиках. Еще их можно было вручать летним жильцам, чтобы передали владельцам дач, но сезон подходил к концу и им было не особенно до нас. Правда, у более приветливых можно было выпросить телефоны хозяев... Наверное, все, кто мог, расспрашивал своих знакомых, и знакомых их знакомых, не владеют ли они зимней дачей и не хотят ли ее сдать. А что еще можно было придумать?

Но каким-то чудом — дачу все-таки нашли и сняли. Ничего близкого по размерам и величавости к быковской: с маленькой кухней, крошечными удобствами, без второго этажа, но теплую и вполне уютную... Правда, совсем уютной ее сделали уже взрослые и дети. И — не сразу, как это обычно и бывает.

Так началось наше недолгое «директорство». Конечно, мы не начинали с нуля: не было никакой нужды и необходимости изобретать для детей что-то сверхновое и необычное, хорошо было бы сохранить хотя бы наработанное. Но и это оказалось не так просто. Один за одним — уехали, сначала, кажется, учительница рисования, потом учитель математики... Счастье, что воспитатели были опытными и для детей совершенно своими. Но нужно было время, чтобы привыкнуть к новой обстановке, приспособиться к кухонной плите, которая странно работала, организовать столовую, чтобы всем хватило места, втиснуть в спальни двухъярусные кровати, разведать прогулочные маршруты и в конце концов создать ощущение привычности и порядка. И тут я окончательно поняла, каким необыкновенным чудом был для нас всех Быковский детский сад. В какой-то момент мне даже стало казаться, что там все происходило и проходило легче. Но это, конечно, выдумка в успокоение, сладкая иллюзия: просто на этот раз я оказалась в центре ДЕЙСТВА, а не на одной из его орбит.

Мы были директорами совсем недолго, но и эти месяцы показались мне очень трудными. И это при всем том, что мы были подперты со всех сторон: родители помогали изо всех сил, прямо лезли вон из кожи, образовалась старенькая машина, обеспечивающая подвоз продуктов, да и детей уже было поменьше. И тем не менее, тем не менее...

А дело было, как я поняла гораздо позже, только во мне. Есть учителя, есть воспитатели. Учителя часто могут соединять в себе и любовь к предмету и близкую привязанность к детям. Они — чувствительны, интуитивны, наблюдательны, последовательны. Мне доставляло огромное удовольствие распевать с детьми буквы, соединять их в слова, рисовать их на доске, работать «почтальоном», то есть заниматься «предметом». Но чтобы стать воспитателем мне не хватало чуткости, внимательности, терпения, интуиции, без которых невозможно услышать «небесную музыку», доступную, если помните, Галке Цирлиной... Вроде бы она просто — БЫЛА — с детьми, но и для нее, и для них это оборачивалось счастливым опытом. (Должна сказать, что она оказалась совсем не единственной, предназначенной для этой профессии. Другие, не менее талантливые, работали в нашем саду, но в них чувствовалась Галкина «школа».) Встречаясь с детьми утром, они уже и чувствовали и знали, кто из детей в каком настроении; наблюдая их день за днем — они вели их: когда надо — помогали, когда надо — приостанавливали, подолгу разговаривали. По необходимости разруливали и предотвращали ссоры, а иногда, наоборот, не мешали ссоре разгореться и каждой стороне давали возможность высказаться. Но ни в коем случае не перебивая друг друга. Они — ВОСПИТЫВАЛИ! Именно в те дни я потихоньку начала осознавать, что такое педагогический талант. Так и живу с пониманием особенного его назначения.

Сад продолжался еще много лет. Нашими преемниками стали Ира и Боря Гинисы. Саду с ними необыкновенно повезло. Он при них, как и при Цирлиных — цвел. Но в отказе они просидели много лет.

ЗАМОК ГРАФА АЛЬДОБРАНДИНИ

Тринадцатое января восьмидесятого года.

Рано-рано утром (мороз под двадцать пять градусов) в кромешной темноте, мы садимся в такси, едем в Шереметьево. Дальше — темные расплывающиеся пятна, какие-то коридоры, переходы, незнакомые лица. Мы садимся в самолет, он взлетает. Все, как обычно: вода, конфетки… Летим и — оказываемся в Вене.

Мы провели дней десять в Вене и около двух месяцев в Италии.

Вену тогда я почти не восприняла: так, глазела по сторонам, не очень понимая, где нахожусь. Все — другое, и подмечаю только это другое и чужое. Странные лица, манеры, одежда, все какое-то блестящее и вычищенное. В ХИАСе толпы «наших», очереди, заполнение бумаг, обсуждение двадцати восьми видов колбасы и нарядных проституток в высоких сапогах. Если высокие сапоги, значит, проститутка.

Вечером — иду в оперу. Оказаться в Вене и не пойти в оперу? Странная какая-то мысль. Или я что-то перепутала? Иду одна, муж остается с дочкой. В театре все сияет: люстры, золото, длинные платья, обнаженные женские плечи, яркая сцена. Что там на ней происходит — понятия не имею. Ну и ладно, зато ведь красиво! Потом вспоминаю, что на знаменитую архитектуру никакого внимания не обратила. Возвращаюсь в темноте «домой», то есть в гостиницу к мадам Беттине.

Мадам Беттина как-то говорит по-русски: может, ее родители были из первой эмиграции? Лет ей порядочно, но определить невозможно, может — к пятидесяти, а может и за шестьдесят. У нее — длинные накрашенные загибающиеся ресницы, припудренный нос, румяна на щеках, помада, лак и яркое платье. У нас в номере что-то течет или, наоборот, не течет... Обращаемся к ней: мол, сами понимаете, ребенок, хотелось бы, чтоб починили, но, если надо, готовы перебраться и в другой номер. Она удивленно вскидывает брови, ресницы дрожат: «Хотелось бы... Не хотелось бы... Это же эмиграция!»

А Италия спасает. Вдруг оказалось, что там — все по душе, все родное, каждый шаг — восторг и воспоминание, как будто здесь уже была прожита не одна жизнь. Как-то улетучилось, померкло, забылось, что мы — эмигранты, что уехали навсегда.

Еще у нас есть знакомая итальянка, Стефания, прекрасно говорящая по-русски. Она из тех, кто когда-то был очарован коммунизмом, поэтому — и русский язык, и частые поездки в Москву (где мы с ней и волшебным образом познакомились у кого-то в гостях). Ну, а потом — Стефанию постигло разочарование и охлаждение. Она чуть старше нас, работает в университете. В первую же встречу она засаживает нас в свой крохотный автомобильчик и, то разгоняясь, то резко тормозя, громко ругаясь на смеси русского и итальянского, — дороги слишком узкие — везет нас на вечеринку к бывшим очарованным, а теперь разочарованным итальянцам. Все немножко говорят по-русски, все приветливы, веселы, энергичны и красивы. С удовольствием едят, много смеются. Какой-то особый тип разочарования, очень непривычный.

Еще через несколько дней — Стефания показывает нам Рим, знакомит с молодым графом Альдобрандини, потомком чуть ли не папы римского, или потомком друга папы римского, которому за заслуги был подарен замок во Фраскати. Ах, конечно, как же не знать Фраскати! И Тургенев, и Гоголь навещали этот дивный городок, теперь близкий пригород Рима, двадцать минут на электричке. И — совершенно неожиданно — мы получаем приглашение от молодого Альдобрандини поселиться во Фраскати, в пристройке к замку. Мы сообщаем об этом в Хиасе, и нам легко разрешают воспользоваться его необыкновенным гостеприимством: для них — только лучше, меньше хлопот, тем более, что в скором времени все «наши» уедут из Рима в Ладисполи.

На том же своем автомобильчике Стефания везет наши эмигрантские чемоданы во Фраскати, а мы едем туда на электричке. На станции нас встречают. Машина едет все вверх и вверх, пока мы не оказываемся на вершине горы, не особенно высокой, но все-таки горы, и там, действительно, стоит замок. Нас ведут к арке, старой и прекрасной, и — нечего удивляться: здесь, в Италии, столько всего старого и прекрасного! Внутри арки — лестница, каменные ступени, спирально идущие вверх. А вот и наше жилище. Мы оказываемся в огромном зале с высоченным потолком.

Под потолком старинная люстра, как в готических романах, а под ней стол — человек на сорок, чтобы пировать, и массивные кресла-стулья, чтобы сидеть в них развалившись. В этом «тронном зале», не называть же его столовой, есть еще одна дверь. За ней — другой зал, поменьше, с кроватью-ложем, на котором, как кажется, может уместиться человек десять. Да, конечно, есть еще и кухня, и ванная, современные, недавно отремонтированные, совсем небольшие по сравнению с «залами», и чтобы добраться до них, надо выйти из спальни, пройти весь тронный зал, подойти к лестнице, ступенек пять, не больше, и, пожалуйста, направо — современная кафельная ванная, налево — современная кафельная кухня. На кухне стоит картонный ящик с вином, которое так и называется «Фраскати». Это — подарок от щедрых хозяев. Нигде, между прочим, так не пьется вино, как в Италии! Правда, мы об этом еще не знаем. Всюду — и на кухне, и в ванной, и в большом зале, и в спальне стоят газовые обогреватели. Хоть и февраль, а для итальянцев — еще зима. Это нам, после Москвы, кажется, что здесь теплынь.

Чаще всего утром мы уезжаем из Фраскати в Рим. Сначала ХИАС, а потом все время — наше. Мы шляемся по городу: от одной площади к другой. На Пьяцца Навона, сидя рядом с фонтаном веселящихся фавнов, смотрим на фокусников и глотателей огня. Я примериваюсь к окнам, выходящим на площадь. Интересно, из какого, выглядывает Софи Лорен, а у нее за спиной Марчелло Мастрояни? Я же видела этот фильм! Чудеса! Мы идем пешком, это совсем недалеко, даже для дочки, в Ватикан. Сегодня мы увидим Сикстинскую Капеллу. А завтра — Джотто, в маленькой церквушке. И мосты. И сады. И парки. И, конечно же, Колизей. А вечером — вернемся во Фраскати, поднимемся к замку, посмотрим на сад с плата-нами, пройдем в арку, и по ступеням в наше, уже привычное жилище. Иногда даже кажется, что мы всегда жили так сказочно и беззаботно: ни про-шлого, ни будущего.

Но вот, все-таки, хоть ненадолго надо спу-ститься с небес на землю: купить еды, забежать на местный базарчик, чего-нибудь приготовить на несколько дней. Да, и еще — обязательно устроить постирушку... Уже пора! Сегодня как раз подходя-щий день для хозяйственных «забот»: пасмурно и прохладно. А чтобы все высохло, включим наши газовые обогреватели, ночи вполне хватит.

Так мы и делаем: все по плану.

А ночью, что бывает уже крайне редко, вдруг просыпается дочка... Она что- то хочет? Куда? В туалет? Я поворачиваюсь на другой бок. Или мне это кажется? Но глаза даже не разлепляются. Сквозь туманную расплывчатость сна я слышу какие-то голоса, потом чувствую, как куда-то уплывает одеяло, оно тянет меня за собой, все вниз и вниз, и я ползу за ним, и ничего не могу с этим поделать... И вдруг — от страшного грохота и детского плача — просыпаюсь, но не полностью, а как-то странно, вполсилы, словно выныриваю из глубокой воды и опять в нее погружаюсь.

Я провожу рукой по постели: никого... И тогда, набравшись сил, я, как мне кажется, очень громко кричу: «Что там? Где вы? Что случилось?» Ответ звучит, как эхо, но я улавливаю его: «Ползи, от-крывай окна! Мы — угорели! Обогреватели текут!» И я действительно ползу, как-то закидывая руки, скорее плыву, чем ползу, и подталкиваю себя ногами. Сначала открываю ставни, а потом уже и окна: Италия! И опять ползу, теперь в «трон-ный зал»: на полу — мой муж, рядом — плачущая дочка...»Что с тобой?» — «Упал... Сначала шел, потом упал, голова закружилась». Я открываю окна в тронном зале — огромные итальянские окна. Еще темно. Еще ночь. Но нам не спится.

На следующий день мы, как всегда, едем утром в Рим. Мы не обсуждаем наши ночные злоключения: нам повезло, это понятно. Если бы не дочка... И гуляем по Риму как ни в чем ни бывало! И рассказываем про обогреватели Стефании, весело и непринужденно, с шутками-прибаутками. Она, конечно, сейчас же звонит графу. И вечером, когда мы возвращаемся, к нам мгновенно приходит Джузеппе (он и садовник, и механик, и водопроводчик), и мы и для него устраиваем небольшой театр: морщим носы, нюхаем воздух, шевелим пальцами над обогревателями... И, как можем, продолжаем шутить.

Но шутки шутками... Иногда, до сих пор, вдруг, откуда-то наплывает грохот, детский плач, и я чувствую, как сползаю вниз и, достигнув пола, толкаю себя вперед, к окну. И внутри у меня все холодеет. И еще, сразу после этого, думаю о папе.

До сих пор, то есть много лет подряд, каждый Новый год, я, как бы так, между делом, поеживаясь, вспоминаю ту ночь, и с благодарностью добавляю еще один прожитый год. И тут же — убираю это воспоминание подальше, поглубже, как бы стираю из памяти. Но не до конца. До конца не получается. Не было ли это, в каком-то смысле, «церемонией перехода» из одного мира в другой, из одной жизни в другую? Должна же она была как-то осуществиться.

Но тогда мы постарались как можно скорее позабыть об этом. Вернее — так: Рим помог стереть это «ночное происшествие». Он обрушился на нас карнавалами, весельем, смехом, улицами, усыпанными цветами и посыпанными мукой,

разряженной толпой в масках, загадочно скрыва-
ющих лица и делающих блеск глаз ярче и много-
значительнее.

Вряд ли я могла себе представить, что, гуляя
по Риму, мы вдруг выйдем на площадь, а по ней
катит открытая машина, и в ней стоит папа рим-
ский — Иоанн Павел Второй, машет рукой и улыбается. И я определенно вижу, что смотрит он
именно на меня и приветствует именно меня.
Хотите — верьте, хотите — нет.

КИЛОМЕТРИКА

Но не менее поразительно и другое: в Рим —
встретиться с нами — приедут, ни больше ни
меньше, итальянские родственники мужа!

Оказывается, перед самым отъездом дед мужа,
восьмидесятидвухлетний старик, раскрыл ему
парочку семейных тайн... Вот — первая: году
в двадцать четвертом его родную сестру, юную
девушку по имени Берта, активную сионистку,
выслали в Палестину. Жива ли она — дед не знает.
Скорее всего, искать ее или ее потомков следует
в Израиле. Но... и это уже тайна вторая: о Берте
и ее судьбе могут знать дети дедовских двоюрод-
ных братьев, тогда еще мальчиков, покинувших
Россию вместе с родителями вскоре после рево-
люции. Фамилия их Вовси. Да, они родственники
Вовси-Михоэлса. И врача Вовси — тоже. Их семья
была большой и разветвленной, ничего удивительного... С заграничными Вовси, как и с Бер-
той, у деда не было и нет связи. Единственная, что
он знает: в конце концов они оказалась в Италии,
в Милане.

Найти миланскую телефонную книгу в Риме
на почтамте не составило труда. Этим и занялся

мой муж. И в ней-таки обнаружились люди по фамилии Вовси. Что же дальше? Идея позвонить тут же отпала. Итальянского мы не знаем, а они вряд ли говорят по-русски, хотя, кто знает? Остается английский, вполне приличный у мужа. Но все-таки это будет выглядеть довольно странно — представляете, вам звонят по телефону и говорят: здравствуйте, мы ваши родственники! Гораздо правильнее написать письма по-английски с краткими разъяснениями, что и было сделано. Каково же было наше удивление, когда из Милана пришел ответ от дочери одного из братьев. (Старший — уже умер, но младший, глубокий старик, еще был жив.) И вот, эта миланская дочка сообщала нам, что она вместе с мужем собирается приехать в Рим, чтобы познакомиться с нами. Представляете?!

Как же мы узнаем друг друга? Да очень просто: приходите на вокзал, подойдите к первому вагону поезда из Милана, и мы сразу же узнаем друг друга. В этом у нее нет никаких сомнений. И, действительно, так и случилось: мы сразу же распознали друг друга в шумной толпе и тут же оказались втянутыми в вихрь по имени Лаура. Эта маленькая женщина с нежным лицом, улыбчивая, быстрая, восторженная окружила нас своими охами, ахами, объятиями и солнечной доброжелательностью. Ее муж, Фабио, пожимал нам руки, что-то говорил по-итальянски, потом по-английски, потом опять по-итальянски, и это было необыкновенно красиво

Звучит банально, но это был тот случай, когда нам показалось, что мы знаем друг друга много лет. Мы провели с Лаурой и Фабио целый день, гуляли, ели, как-то разговаривали, а вечером они уехали домой в Милан, пригласив нас в гости. Насколько я понимаю, они дали нам денег на билеты, иначе где бы мы могли их взять? Билеты, которые мы купили, назывались «километрика». Это были особенные, прямо-таки волшебные билеты, позволяющие выйти в любом месте, насладиться им, отметить набежавшие километры и поехать дальше. Не помню, сколько дней нам отвел ХИАС, но по дороге в Милан мы успели заехать и в Пизу, и во Флоренцию, и в Венецию, конечно, ненадолго, но мы ведь увидели эти волшебные города своими собственными глазами.

Подготовка к путешествию была очень короткой: на развале в Риме мы купили какую-то фантастически дешевую обувь. Я скинула свои туфли на высоких каблуках и обрядилась в ярко-оранжевые кеды, которые позволили мне протопать по открывающимся нам путям-дорогам. Я нежно их любила, как никак — итальянская обувь! Дочка не могла налюбоваться своими сине-голубыми ботиночками, которые были ей хоть и велики, но удивительно, как она сказала, удобны. Мы ночевали в хостелях, самых дешевых гостиницах, которые показались нам необыкновенно удобными. Ели в чудных маленьких забегаловках — пиццу и макароны с красным соусом, совсем по-итальянски. Глазели по сторонам, восхищаясь божественной красотой, нас окружающей, позволяли себе музеи. Во Флоренции, в Уффици, наша дочь легла на пол, прямо перед Боттичеллиевой «Афродитой», и сказала, что больше не сделает ни шагу, и уж точно никогда в жизни не зайдет ни в какой музей. Как-то мы дотащили ее до Милана. И она тут же приступила к исполнению своих угроз. Ей очень приглянулись игрушки сына Лауры и Фабио, Самуэле, да и он сам, впрочем, тоже. Мы же — много гуляли и не переставали удивляться: Милан показался мне похожим на Москву: широкие улицы, большие площади. Даже голуби, правда, куда более нахальные, чем на Красной площади, вызывали сантименты.

Лаура рассказала нам немного о семье Берты. Две ее дочки — в Израиле, сама же она погибла в авиационной катастрофе в шестьдесят первом году. В один из дней (а их не могло быть было больше двух- трех) к Лауре заглянул на огонек ее дядя, младший брат отца, красивый высокий седой синьор. Он хорошо говорил по-русски, оказался страстным поклонником русского балета и Большого театра. Когда мы уезжали в Рим, он вместе с женой, миловидной седой дамой в шляпке, провожал нас и принес пакет с бутербродами на дорогу. Более импозантных бутербродов я никогда в жизни не видела. Их было даже жалко есть, так красиво они были нарезаны, каждый — со своим особенным хлебом, разнообразными сырами, какими-то специями и травками. Но, конечно же, они были съедены за милую душу.

Спустя пару лет, Фабио навестил нас, приехав в Бостон в командировку. Мы жили в это время в Бруклайне. Мой муж работал, я — училась в аспирантуре в Брандайзском университете и начинала преподавать русский. «Лаура наказала мне проверить, все ли с вами в порядке!» — серьезно объяснил Фабио. И мы, как могли, заверили его: «Да-да, все в порядке!»

Что и говорить, удивительное время выпало нам в Италии. Время, в котором — неожиданно — отступило отчаяние разлук и потерь и посыпались причудливые, счастливые подарки судьбы. Нам повезло, что мы увидели ее дивные города, что прилипали к окнам поезда, чтобы получше разглядеть оливковые рощи, похожие на свечки кипарисы, старинные развалины... Ну кому могло прийти в голову, что в Италии мы будем жить на горе, рядом с папским замком? Такое нам даже не снилось.

АМЕРИКА, АМЕРИКА!

Когда мы вернулись в Рим, весна чувствовалась везде: под платанами вылезли нежные сиреневые крокусы — цветы, которые впервые я увидела в Италии. Вечнозеленые кусты и деревья как-то необыкновенно посвежели под весенним солнцем, и садовники, стоя на высоких лестницах с огромными ножницами в руках, подрезали их и пели... Чудо!

Мы по-прежнему каждый день ездили в Рим. ХИАС вот-вот должен был назначить дату нашего отлета в Америку. А пока мы гуляли по Риму с непременной остановкой на Пьяцца Навона. Чуть отдохнуть, поглазеть на фокусников, полюбоваться домами, окружающими площадь. На солнце они всегда блестят яркими золотыми монетами и отражаются в фонтанной воде.

Вот так, сидя на лавочке и отдыхая после очередного «рывка» по Риму, мой муж, совершенно неожиданно произнес: «Послушай, давай поедем в Израиль, это наш последний шанс. Мы еще можем все изменить и поправить». Я не помню его глаз, не помню выражения лица, не помню интонаций, но помню ощущение: от неожиданности показалось, что голышом попала в снежный сугроб, хотя солнце все так же ярко и тепло светило на Пьяцца Навона.

— Не надо ругаться! — приказала нам наша дочь, — вы что, прямо здесь, на улице, в Риме!

(Каждый раз, когда я приезжаю в Рим, я всегда навещаю эту удивительную, так запавшую мне

в сердце, площадь. И даже разглядываю, правда, издалека, то самое место, на котором мы в тот день сидели. Тогда мне показалось, что судьба наша решилась окончательно: мы полетели в Америку. Но тут никак не могу не вспомнить строчку из стихотворения моего второго мужа: «Судьба сложней, чем плоский наш расчет...» Вот уж что правда, то правда. И я еще не раз смогла убедиться в этом.)

А где-то дней через десять мы сели в самолет. Опять — вода, конфетки, какая-то еда. Часов через восемь приземлились в Нью-Йорке. И сразу же, как только колеса самолета стукнулись об американскую землю, пассажиры вдруг начали аплодировать. Я растерялась, удивилась, но, подбадриваемая со всех сторон, присоединилась к этим громким рукоплесканиям. Позже я узнала, что аплодисменты в конце пути — благодарность пилоту за мягкую посадку. Вполне американская традиция. Но в самолете было много эмигрантов из России, и мы, конечно, аплодировали не только мягкой посадке.

В Нью-Йорке нас встретили, накормили потрясающими гамбургерами с жареной картошкой, отвезли в гостиницу с номером на каком-то поднебесном этаже, так что в окно было страшновато выглянуть, и сообщили, что наш полет в Бостон назначен на завтрашнее утро. Ночью мы с мужем почти не спали и смотрели телевизор, все время переключая программы, которых оказалось неимоверное количество. Все поражало: огромные машины, которые катили по каким-то необъятным пространствам; беременная дикторша в обтягивающем платье, рассказывала что-то о погоде на фоне карты: по мановению ее руки на карте изображался то дождь, то солнце, даже снег, и какая-то явно неправдоподобная температура; всадники в шляпах, похожих на сомбреро, лихо мчались на лошадях и беспрерывно стреляли; с минуту длился нескончаемый поцелуй то ли разлуки, то ли примирения... И вперемешку с этим — что-то про еду, питье, дезодоранты, тампоны, одежду... Совершенно другой мир обрушился на нас — это было видно невооруженным глазом.

Утром нас напоили чаем и кофе с кексами, отвезли в аэропорт, посадили на самолет — и мы не успели даже прикорнуть, как прилетели в Бостон.

Мы долго спускались в какое-то подземелье, чтобы получить чемоданы, потом использовали специальные монеты «квотеры», которые дали нам в Нью-Йорке, на каталку для багажа... Загрузили на нее чемоданы и по ярко освещенным тоннелям и коридорам, вслед за толпой, шли и шли, пока не наткнулись на эскалатор, который вынес нас наверх в застекленное пространство с автоматически открывающимися и закрывающимися дверями. Там, среди встречающих, нас и поджидал мой дядя. За несколько лет американской жизни он явно помолодел: короткая стрижка, элегантная голубая куртка, легкая энергичная походка...

«Welcome!» — сказал он бодро. «Welcome!» — стараясь попасть ему в тон, ответила я. Муж хмыкнул у меня за спиной.

Мы еще долго блуждали, пока наконец не нашли правильную дверь, и вышли на улицу. С неба падал какой-то мокрый то ли снег, то ли дождь. Дядя оставил нас под навесом и минут через пятнадцать подкатил на огромной машине, белой и блестящей. Что-то подобное мы уже видели по телевизору.

— Вот это да! Вот это — повезло! — обрадовалась дочка.

— Ну что, вперед! — подытожил дядя, когда наши чемоданы уже были проглочены огромной пастью багажника, а мы разместились на бархатных сиденьях, напоминающих просторные диваны. Он повернул руль, посмотрел — вверх, влево, вправо — в зеркала, и машина медленно, как большой корабль, отчалила.

И мы поплыли в это наше — ВПЕРЕД!

ОГЛАВЛЕНИЕ